JN439129

봄바람 타고 온 손님

서달희 수필집

교음사

작가의 말

하느님께서 좋아하셔요

수년 전, 황순원 문학관에 갔을 때 문학관 촌장님으로 계시던 안영 선생님의 『영원한 달빛, 신사임당』을 감동으로 읽었었다. 얼마나 감동이었는지 결혼하기 전 아가씨들과 결혼 생활을 시작한 젊은 부부들에게 많이 선물하였다. 그 책을 정성껏 읽었다면 가정생활을 하는 데 많은 도움이 되었으리라 믿고 있다.

그 후에 안영 선생님의 수필집을 여러 권 읽었다. 재미도 있고, 깊이도 있어 매번 감동을 받았다. 읽는 내내 기쁘고 행복했다. 미사여구로 치장한 글이 아닌 진심에서 우러나온 글이기 때문이다.

그러다 보니 내가 쓴 글들을 읽으며 부끄럽다는 생각이 들었다. 부족한 글들을 책으로 만든 것도 부끄러워서 안영 선생님께 내 글들이 너무 미숙하다고 고백을 했다.

그때 선생님이 하신 말씀이 “아니, 무슨 그런 말씀을 하시나요. 누구든지 그 사람만이 쓸 수 있는 글들이 있지요. 특히 모니카 씨 글은 하느님께서 좋아하셔요. 연옥 영혼을 위하여 그토록 진지하게 기도하는 마음, 존경스럽습니다.”

하느님께서 좋아하신다는 말을 듣는 순간 부끄럽던 마음이 조금은 사라졌다. 나는 용기를 내어 다시 글을 쓰고, 또 한 권의 책을 묶는다.

하느님, 저는 언제나처럼 연옥 영혼들을 위해서 기도합니다. 잘하고 있다고 격려해 주세요.

매번 책을 엮을 때마다 다소는 어수선한 원고를 깔끔하게 정리해 주시는 월간 『수필문학』 강병욱 대표님과 류진 편집장님께 늘 감사드립니다. 수필문학사와 교음사의 무궁한 발전을 기원합니다.

이 책이 출판할 수 있도록 창작준비금 신청을 도와주신 이민호 『수필문학』 편집위원님과 늘 옆에서 부족한 저를 격려해 주시는 국제PEN한국본부 부이사장님이시고 고대 수필반에서 수필을 강의해 주시는 오경자 교수님께도 감사 말씀드립니다.

더 노력해서 아름다운 마음으로 좋은 글을 쓸 수 있도록 정진하겠습니다.

2021년 12월 서달희

1. 아카시아 향이 날아올 때면

2. 딸의 기도

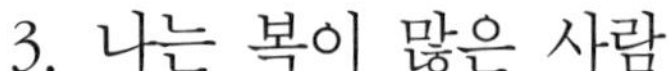

3. 나는 복이 많은 사람

4. 울 밑에 귀뚜라미 우는 달밤에

1

아카시아 향이 날아올 때면

배롱나무를 심다

20여 년 전에 무안컨트리클럽에 가는 길에는 배롱나무가 가로수로 심어져 있었다.

화려하지도 않게 줄지어 서 있는 나무가 인상적이었다. 그때 처음으로 배롱나무에 관심을 갖게 되었다. 서울에서는 눈에 띄지 않아서 관심조차도 없었는데 그 후에 부여로 터를 옮기고 나니 여기저기 배롱나무가 눈에 띄었다. 특히 더운 여름에 피는 꽃이 더 마음에 다가온다. 일명 백일홍나무라고도 하는데 서너 달은 꽃을 보게 된다.

마당 한쪽 콘크리트를 걷어내고 6년 만에야 서울서 가져온 라일락을 심어놓았다. 봄에 제일 먼저 피는 봄의 전령사가 되어 향기를 날려 보내며 행복을 안겨준다. 언제고 배롱나무 한 그루를 심어야겠다는 생각을 마음에 담고 있었다. 파크 골프장에서 운동을 같이하는 지인이 내가 이따금 배롱나무 이야기를 하는 걸 기억하였는지 친구가 배롱나무를 준다고 하였다며 나보고도 한 그루 주겠다고 한다. 얼마나 좋은지 봄이 되기만을 기다렸다.

3월이 지나가는데도 연락이 없어서 맡겨 놓은 양 빨리 심고 싶다고 재촉을 하였다. 드디어 나무를 옮겨와서 심고 나니 미리부터 꽃을 볼 마음에 행복하다.

"폈다!" 나도 모르게 외마디 소리를 질렀다. 새벽이면 창밖으로 화단에 있는 배롱나무부터 살피는 게 일과이다. 잎이 나올까? 나왔나? 살피다가 요즘은 꽃이 언제 필까? 새벽마다 살피게 된다.

드디어 밤새 퍼부은 세찬 비에도 상관없이 꽃 다섯 송이가 보여서 폈다! 외치고 오! 분홍색이었구나. 감사합니다. 하느님, 아름다운 자연을 만들어 주셔서 감사합니다. 좋아서 혼자 떠들며 아침 기도 바치려고 들어왔다. 이제 백일 동안 피어 있는 꽃을 보며 행복하겠지.

2021. 7

봄바람 타고 온 손님

봄바람 타고 봄 손님 제비가 찾아왔다.

아무리 저를 반긴다 해도 방안까지 들어오다니, 반가웠지만 놀라서 말문이 막힌다. 남편이 아침 식탁에서 이제 3월이 되었으니 완연한 봄이네 한다. 음력 3월을 말하고 있다. 나는 삼월 삼짇날에 제비가 오겠지, 기다리고 있었기 때문에 내일인데. 하였다.

“아 오늘이 2일이니까 제비가 오는 날은 내일이라구요.” 하며 웃었다. 작년에는 양력 4월이었는데 올해는 10여 일이 빠르다.

아침에 빠른 등기로 친정아버지 같은 분의 축하카드가 배달되었다. 『이 팔찌의 주인은 누구였을까』를 읽고 보내주신 축하의 글이다. 아침부터 기분이 좋아서 노래까지 부르며 설거지와 청소까지 마쳤다. 전대사 이야기를 이해하실지 보내드렸더니, 하느님과 이웃에 대한 사랑으로 사는 모습이 아름답다고 축복을 가득 담은 카드가 날아든 것이다.

빨래할 것을 찾으려고 방으로 들어가다가 장롱 위로 눈이 갔다. 아니, 이럴 수가? 통통하게 제법 큰 제비가 장롱 위에 앉아있다. 순간, 놀라서 말문이 다 막힌다. 제비가 어떻게 장롱 위에 앉아 있지? 가만히 앉아 있는 제비를 보며 내가 창문을 열어놓았나? 아무리 살펴도 닫혀있다. 너무 신기하기도 하거니와 황당해서 남편을 불렀다.

"아니 제비가 어디로 들어왔는지 저 위에 앉아 있어요!"

남편도 신기해하며 당연히 내가 문을 열어놓았을 거란다. 샅샅이 살펴보았지만, 아침부터 창문을 연 흔적이 없다. 창문을 열었어도 방충망까지 열었을 리는 더더욱 없다. 이해가 안 되었다. 궁금해하며 얌전히 앉아 있는 제비를 한참을 보다가 밖으로 내보내 주려고 현관문을 열었다. 낮게 비행하며 날아간다. 제비야, 아무리 너를 반긴다고 해도 언제 방 안까지 들어왔는지 반갑지만, 이해가 안 간다. 2시간여나 기척도 없이 장롱 위에 앉아서 할머니가 뭐 하시나 보고 있었네.

한 달쯤 전에 봄 날씨처럼 따뜻하기에 강남에서 찾아올 제비를 맞으려고 제비둥지들 옆에 있는 거미줄도 치우고 바닥도 깨끗이 쓸고, 궁둥이 돌려서 똑똑 떨어트리는 똥을 받으려고 받침통까지 준비해 놓았었다. 봄만 되면 한 해도 거르지 않고 둥지가 잘 있나 점검하러 왔었기에 그날을 대비해서 미리 손님 맞을 준비를 한 것이다.

앞집 친구에게 제비가 어디로 들어왔는지 장롱 위에 앉아 있었던 이야기를 하니까 그렇잖아도 어제 제비가족이 몽땅 왔는지 여러 마리가 둥지에도 들어가고 한참을 날아다니다 갔다고 한다. 그 광경을 나도 보았다면 장롱 위에 제비 때문에 놀라지는 않았을 텐데, 어디로 들어왔는지 놀랐다고 하였다. 아침에 밖에 나간 적이 없느냐고 한다. 파 뽑으러 나갔지만, 문을 닫고 나갔다가 들어왔다고 하였다. 그럼 들어올 때 따라 들어왔을 거라고 한다. 아무리 할머니가 어떻게 사나 궁금해도 그렇지 자취도 없이 따라 들어와서 2시간여나 앉아 있었던 것을 생각하니 웃음만 나온다. 봄바람 타고 찾아온 제비를 만나려고 축복으로 가득한 카드가 미리 날아온 것만 같다.

며칠 후에 외출하려고 마당에 나왔다. 현관 옆 창문 벽에 있는 둥 위에 두 마리의 제비가 마주보며 제비 특유의 꽈리 부는 소리로 노래를 부른다. 어찌나 예쁘게 노래를 부르는지 자동차 문을 열려다가 멈추고 사진을 찍었다. 다른 때 같으면 날아가기라도 할 텐데 가까이 가서 사진을 찍어도 마주보며 노래 부르느라 정신이 없다.

5월이 되면, 점 찍어 둔 둥지로 두 마리가 날아와 먹이를 물어다가 새끼를 키우고, 늘 그랬던 것처럼 가을이면 또 날아가겠지. 강남으로 가기 전에는 잘 지내다 간다고 인사하는 것처럼, 몽땅 날아와 빙빙 돌다가 전깃줄에 나란히 앉아서 지지배배 지지배배 노래 부르다 가면은 그만이다. 허전함을 남겨놓은 채 겨우내 빈 둥지만 덩그러니 걸려 있다.

작년에는 두 배째 새끼를 키우는데 길고양이가 둥지를 올려다보며 금방이라도 올라가려는 자세를 몇 번이고 시도해서 갈퀴로 쫓아버리곤 했다. 한번은 제비들이 떼로 몰려와서 아우성을 친다. 급하게 쫓아나가니 고양이가 제비집을 향해서 계속 점프를 한다. 얼마나 화가 나는지 갈퀴를 들고 50여 미터는 쫓아갔다. 그러나 며칠 후에 일을 당하고 말았다. 열 사람이 도둑 하나를 못 지킨다고 조마조마하였는데, 어느 날 나가 보니 새끼 한 마리가 둥지 밑에 떨어져 죽어 있다. 안타까워서 마음마저 싸하다. 화단에 묻어 주는 수밖에 없었다. 높고 가파른 벽이라 그 정도까지 해를 끼칠 줄은 몰랐다. 공연히 죄인이 된 것 같았다. 그래서일까 작년에는 제비들이 일찍부터 보이질 않았다. 아무리 기다려도 날아들질 않는다. 인사도 없이 가버렸나? 섭섭한 마음으로 지냈다.

추석날 아침, 조상님들을 위한 연도를 바치고 배추 모종을 둘러보려고 마당에 나갔다. 순간 제비네가 마딩으로 가득 모인다.

높은 전깃줄에 앉아 있다가, 내가 나오길 기다린 듯이 제비들이 일제히 날아와 낮게 비행하며 주위를 한참이나 빙빙 돈다. 하도 반가워서

'너희들, 아주 간 줄 알았더니 다시 왔구나. 반갑다 제비야!'

보고 싶은 사람이 갑자기 찾아온 듯, 입가에 종일 웃음이 걸려 있었다.

나는 이런 소소한 일들이 더 큰 행복으로 다가와서 엔도르핀이 팡팡 터진다. 내 수명이 얼마인지는 모르지만, 제비들로 인해서 몇 년쯤은 더 연장될 것만 같다. 둥지를 짓고 6년째인데 한 해도 거르지 않고 봄의 전령사처럼 찾아와 주어서 기쁘다.

내가 파크골프 연습하러 백마강변으로, 또 전국 경기장으로 매일 바쁘게 다니느라 살펴볼 사이가 없어서일까? 봄도 아닌 여름에 마당쪽 현관문 옆에 제비 둥지 두 개가 이미 완벽하게 지어져 있다. 아니 언제 저렇게까지, 황당했지만 행복한 웃음이 나왔다. 올해도 가족 많이 늘리고, 9월에 강남으로 갈 때에는 지치지 말고 돌아갔다가 내년 3월이면 다시 오너라. 새끼들이 다 크면 놀러 가는 것처럼 함께 나갔다가 저녁이면 날아드는 너희들 때문에 봄, 여름, 가을을 즐겁게 보냈단다.

저녁이면 둥지를 찾아오는 제비가족 때문에 젊은 날의 내가 떠오른다. 종일 밖에서 놀다가 엄마를 부르며 돌아오던 아이들

모습이 새삼 떠올라서 행복한 마음으로 회상하게 된다. 올해는 고양이가 넘보지 않게 좋은 방법을 찾아 놓았으니 걱정하지 말고 새끼를 키우거라.

2020. 4.

갑자기 안성 언니네가 가고 싶었다

친구들과 영화를 보러 간다고 한 날이었지만, 나는 계획에도 없던 안성 언니네를 불현듯 가고 싶었다. 그래서 내 단점인 앞뒤 재지 않고 무슨 마음을 먹으면 즉시 실행에 옮겨버리는 성격이 발동되어 언니네를 향해서 달려갔다. 빨리 다녀올 생각이었다.

내가 간다고 해서인지 언니가 나를 주려고 열무김치를 담고 있었다. 다 담아서 차에 실어주고는, 엄마 산소에 갔다 온 지가 오래되었다며 갈까? 하는 것을 오후에 서울에서 약속도 있어서 망설이고 있는데 누구인지 언니한테 전화를 했다. 어느 자매님이 미리내 성지에 가자고 하는 것 같았다. 형부는 사목회에서 연풍성지에 가셨다고 한다.

언니가 좋아라 하며 총회장 부인과 약속을 하고 조금 있으니까 그분이 코란도를 몰고 왔다. 나보고도 미리내 같이 가자는 것을 나는 다음에 갈 테니 형부 오시기 전에 빨리 다녀오시라고 하고 각각 미리내와 서울로 헤어졌다. 언니가 떠나면서 성지에 가서 네 기도도 많이 해줄게 하며 조심해서 올라가라고 한다.

기흥쯤 지나는데 불현듯 언니한테 아들 분도네 기도를 부탁할 걸 잘못했구나 하는 생각이 드니까 언니가 핸드폰이 없는 게 안타깝기 그지없다. 아쉬운 생각을 하며 이 궁리 저 궁리하며 가는데 아! 아까 혹시나 해서 같이 가는 자매님 핸드폰 번호 적은 게 생각이 났다. 빨리 전화해서 부탁해야지 하는 마음이 들자 즉시 죽전휴게소로 들어갔다. 차를 세우고 아네스 자매님한테 전화를 걸었다.

운전 중이실 텐데 죄송합니다. 언니 좀 바꿔주세요. 언니가 전화를 받자 언니! 내 기도 말고 분도네가 요즘 애기를 가지려고 하는데 임신이 안 되나 봐, 분도네 기도 좀 많이 해주세요. 부탁하고 또 부탁하였다. 언니는 정말 지성껏 해주실 것 같았다. 응! 그래 알았다. 내가, 기도 많이 할게 하며 대답하시는 음성이 온 정성을 다해 기도하실 것만 같았다.

이미 도착하여 십자가의 길 4처에서 기도 중이라고 한다. 기도를 부탁하고 나니까 왜 이렇게 마음이 기쁜지 하느님! 감사합니다. 하는 말이 저절로 나온다.

밀리는 길을 힘들게 와서 집에 들어오자마자 전화가 따르릉 울린다. 얼른 받으니 안성 언니였다. 잘 들어갔지? 우리도 미리

내 성지에서 기도 많이 하고 왔어. 분도네를 위해서 미사를 봉헌했는데, 22일부터 신부님 수녀님들의 9일기도가 시작되니 너도 같이 지향을 두고 기도하라고 한다. 주께서 도와주실 거라고 하며, 자매님 핸드폰 번호 적어 가지고 간 거며 하느님이 사라에게 태를 열어 주신 것처럼 분도네도 도와주실 것이라고 하는데 꼭 그 기도가 이루어진 것만 같았다. 언니! 정말 정말 고마워 그 자매님과 같이 기도 많이 해 주셨다니 고마워요. 나도 잊어버리지 않고 9일기도 같이 할게요.

전화를 끊고 나서 감사합니다. 감사합니다. 감사합니다. 우리 주! 알렐루야! 하는 찬미의 노래가 마냥 불러진다. 하느님! 저희들의 잘못된 행동이나 허튼 생각을 너그러이 용서하시고 자비를 베풀어 주소서. 분도네 가정에도 귀여운 자녀를 허락하시어 자식을 키움으로써 하느님께 더욱 감사하며 찬미하는 생활을 하게 하소서. 아멘!

주님! 기도하게 해주시니 감사합니다. 기쁜 하루였다.

2001. 5. 2.

아카시아 향이 날아올 때면

아카시아 향이 코끝에 닿으면 행복도 그리움도 함께 날아온다. 희미한 옛사랑이 찾아온 것처럼 공연히 설렌다. 봄이면 어김없이 바람결에 실려 오는 아카시아 향이 사람을 이렇게도 행복하게 할 수 있다니 "하느님, 감사합니다."라는 말만 나올 뿐이다.

70년대에 제기동에 살던 집은 약간 언덕에 있었다. 봄만 되면 새벽녘 개운산에서 불어오는 바람을 타고 아카시아 향이 날아오곤 했다. 이런 날에는 행복이 배가 되어 하루 종일 기쁜 일들이 더 많은 듯하였다. 무슨 일이든지 기쁘게 받아들여지곤 했다.

부여로 터전을 옮긴 지도 7년이 되었다. 2018년 5월에 전국 파크골프경기가 부여 구장에서 있었다. 충남시니어 여자대표로 선발이 되어 경기가 있기 전 4월부터 거의 매일같이 백마강변에 있는 구장으로 연습하러 다닐 때였다. 봄이 되면 첫 번째 행복의 전령사가 집 마당에 있는 라일락꽃이다. 꽃밭 한쪽에서 피는 보라색 꽃을 만나면 얼마나 행복한지 아무것도 부러울 게 없었다.

안암동에 살 때에 아침마다 고려대학교 이공대로 산책을 나가곤 하였다. 애기동산에 무더기로 피어있는 영산홍 때문에 행복한데, 그 아래에는 보라색 라일락 몇 그루가 향기까지 날리며 피어 있곤 했다. 하루는 작업하는 아주머니들이 보여서 라일락 한 뿌리만 달라고 하였더니 선뜻 주시며 예쁘게 키우라고 한다.

봄이면 라일락꽃을 보며 행복한데 갑자기 부여로 터전을 옮기게 되었다. 다른 이삿짐에 밀려 커다란 고무통에 있는 라일락을 가져오지 못하였다. 어린 자식을 떼어놓고 오는 것처럼 마음이 허전하였다. 2층에 사는 젊은이에게 이따금 물을 주라고 부탁을 하고 오며, 언제고 가져와야지 다짐을 하였다.

마당 한쪽의 시멘트를 걷어내고 작은 꽃밭을 만들어서 6년 만에야 옮겨다 심으니 미안했던 마음이 조금은 사라졌다. 보라색 꽃이 얼마나 아름다운지, 향기는 또 얼마나 감미로운지 매일이 행복하다. 차 트렁크에다 흙 따로 꽃나무 따로 가지고 왔는데 트렁크가 흙범벅이 되었었다. 세차장에 갔더니 차 안이 흙으로 가득 찼다며 아주 깨끗하게 청소해 주어서 세차할 일이 있으면 꼭 그 세차장을 이용하게 된다.

봄이 되면 라일락, 넝쿨장미, 도로변에는 아카시아, 찔레꽃이 간격을 두고 차례로 핀다. 내가 어릴 적에는 산이 있는 곳이면 눈길이 닿는 곳마다 진달래꽃이었다. 지금은 눈을 씻고 보아야만 간혹 눈에 띈다. 무슨 조화일지, 억센 손들이 다 뽑아갔을까?

거의 한 달을 백마강변으로 연습하러 다니는 길이 더욱 즐거운 길이 되었다. 철따라 피는 꽃들을 보며 자연의 신비에 감사할 뿐이다.

'주 하느님, 지으신 모든 세계 내 마음속에 그리어 볼 때'

이 성가를 한 달 내내 부르며 다녔다. 이렇게 행복한 마음으로 연습하러 다닌 결과로 전국 경기에서 시니어부 여자팀에서 1등을 하는 좋은 결과를 얻었다.

새로 만든 꽃밭에 누군가가 잘라서 버린 무궁화 가지를 보물이라도 되듯 가지고 와서 심었다. 과연 잎이 나올까? 반신반의하며 꽂아 놓았었는데 몇 개월 후에 죽은 듯 서 있던 막대기에서 아주 작은 푸른 싹이 나온 게 보였다. 얼마나 경이롭고 예쁜지 뛸 듯이 기뻤다. 우리나라의 상징인 무궁화나무가 한 그루라도 있어야지 하는 바람으로 심었는데 싹이 나오다니 기적처럼 느껴졌다.

우리 꽃밭에 배롱나무 한 그루만 더 심으면 가을까지 행복하리.

하느님! 눈이 부시도록 아름다운 자연을 만들어 주셔서 감사합니다. 영원무궁토록 찬미 드립니다. 아멘

2020. 8

경원이한테 기도했더니

경원이가(라파엘) 하늘나라에 간 후에 경원이 친구 이안이가 경원이가 보고 싶다며 슬퍼해서, '너 경원이 보고 싶다고 울고 그럴 필요 없어. 경원이는 지금 얼마나 행복한 곳에 있는지 몰라, 나중에 다 만나게 돼' 하며 엄마가 위로해 주었다고 한다.

이안이 아버지가 외교관이이어서 외국인 유치원에 다니는데, 그곳에서 약간 소외되는 느낌이 드는지 잘 안 갈려고 한다. 친구들이 괴롭히면 경원이한테 기도해 봐. 도와줄 수 있을 거야. 하고 말해 주었는데 하루는 유치원에서 돌아온 이안이가 엄마, 오늘은 친구가 안 때렸어요. 옆에 와서 때리려고 할 때 경원이한테 마음속으로 기도했더니 정말 안 때렸어요. 하였다.

그리고 심부름 잘 시키는 여자애가 다른 때는 심부름 시켜서 물건을 가져다주면 그것만 받고, 저리 가, 하는데 오늘은 가져다 주니까 이안아, 고마워. 하며 친하게 굴어서 기뻤다며 그때도 경원이한테 기도했다고 한다.

“엄마, 경원이한테 기도하니까 친구들 마음이 다 바뀌나봐.” 하며 좋아하였다.

이안이 엄마가 4개월 동안 앓던 중이염이 심해져서 수술 날짜를 받고 기다리는 동안에, 경원이 꿈을 두 번이나 꾸었다. 꿈속에서 경원이가 환한 빛 속에서 예수님과 같이 있는 꿈을 꾸고 난 후, 경원이가 하늘나라에 간 것을 느꼈다고 한다.

수술 날짜에 병원에 갔는데 중이염이 다 나았다며, 수술 안 해도 된다고 하였다. 그 자매는 묵주를 들고 사는 엄마다. 얼마나 열심인지 우리는 감히 흉내도 못 낸다. 경원이 기도를 하는 동안에 마음에 남아 있던, 상처까지도 씻은 듯이 나았다고 한다. 어릴 때 받은 상처여서 자살하고 싶은 충동까지 느끼던 마음의 병이라고 하였다.

장례가 끝난 후 꿈에서 경원이를 만났다. 경원아, 너는 이안이랑 똑같은 아이일 뿐인데 어떻게 나한테 이런 선물을 줄 수가 있니? 아줌마가 너무 고마워서 경원이한테 선물을 주고 싶은데 무슨 선물을 줄까 했더니, “우리 엄마 아빠 부탁해요.” 하며 예수님 손을 잡고 하늘나라 간다며 맨위 상좌까지 평상시의 개구쟁이처럼 뛰어가더란다.

하느님, 어린 라파엘을 통해서 이런 일들을 보여 주십니까?

기도를 공으로 받고 간 게 아니고, 진심으로 기도해 준 사람들에게 은혜를 베풀고 갔다고 느껴집니다. 경원이 기도는 질리지 않는다며 1년 동안 한결같이 기도해 주신 모든 이에게 좋은 일들, 하느님의 축복이 있기를 기도합니다. 치유의 천사이신 라파엘 대천사가, 어린 라파엘을 통해서 이렇게 좋은 일들을 보여주시는군요.

1년을 하루같이 두 내외가 무릎 꿇고 경원이를 위해서 기도해 준 동생네도 우연히 예산으로 이사 와서 텃밭을 가꾸며 시골 생활을 하고 있다. 1시간 거리에 살다 보니 서로 오가며 특히 우리가 많은 도움을 받으며 산다.

대자부부 아가다네 내외도 경원이 기도는 빼먹을 수가 없다며 1년을 하루같이 기도해 주었다. 우리가 부여로 이사 올 때 약속이나 한 듯이 같이 이사 와서 외롭지 않게 지내고 있다. 우리가 아주 많은 도움을 받으며 살고 있다. 하루는 아가다가 담소를 나누는 도중에 "하느님이 엄청 사랑하시나 봐요." 한다. " 누구를?" "대모님을요."

"왜 무슨 말이야?" 그러니까 "우리를 같이 이사 오게 하셨잖아요?" 한다. 그 말은 백 번 맞는다는 생각이다. 우리만 덜렁 이사 왔으면 타지에서 외로웠을 텐데 아가다네와 같이 이사 오니 모든 면에서 든든하다. 특히 두 집이 거의 매주 충청도에 있는 순교자 성지를 다 순례하며 전대사기도를 하며 다녔다.

하느님, 감사합니다. 하느님은 영원무궁토록 찬미영광 받으소서. 하늘나라에서 라파엘이 예수님 친구가 되어 여기서처럼 막 뛰어놀고 있는 것처럼 느껴집니다. 기쁘고 즐겁게 뛰어놀기를, 기도하며, 기도합니다.

우울증 한방에 날려버렸다

환갑이 넘은 나이에도 갱년기가 오는지 만사가 귀찮고 문득 문득 우울하고 평상시의 일들이 모두 뒤죽박죽이 되었다. 꼭 필요한 일들만 할 수 없이 하며 지내고 있다.

오래전에 친구들이 갱년기에 시달리는 걸 보며 아휴 시시하게 무슨 갱년기야 하며 핀잔을 주었었는데 60이 넘어서야 홍역처럼 찾아올 줄은 몰랐다.

사실은 12월 말부터 의욕이 없어지고 매사가 짜증스러웠다, 이번 여행도 미리 약속이 되었기 때문에 할 수 없이 가는데 비행기 안에서도 공연히 화가 나고 체하지도 않았는데 배가 아파서 화장실 들랑거리고 일상이 뒤죽박죽처럼 되었다. 여행지에서도 운동할 때는 즐겁다가도 방에 있을 때는 어쩔 줄 몰라 하고, 며칠은 배탈로 고생하고 며칠은 변비로 고생하고, 참 우습다. 그럴 일이 아닌데 그런 현상이 벌어졌다.

룸메이트한테, "나 느닷없이 화낼지도 모르니 조심하세요." 부탁까지 했다. "참 희한타, 서 여사가 화를 다 내고, 무슨 일이고?" 하시며 짜증 내지 말고 즐겁게 지내다 가자며 두리안이라도 많이 먹으라며 한 보따리 사다 주기까지 했다.

2주 동안 손이 부르트도록 골프채를 휘둘러서 갱년기 우울증을 다 날려 보냈나보다 했는데 회복이 안 된다. 매사에 긍정적인 내가 이런 상황이 올 줄은 몰랐다. 내 마음을 내가 다스리지 못한다는 게 이해가 안 될 뿐이다.

난 갱년기 우울증은 원인이 없는 줄 알았는데 아니다. 생각나는 몇 가지 중에서 제일 큰 한 가지가 있다. 골프 동반자 중에 부부 팀들이 있는데 골프 회원권을 같이 사서 다니자고 했는데 우린 그런 형편이 안 되었었다. 그래서 이미 다른 분들은 회원권을 사서 다니고 우리만 회원이 아니었다. 말도 못하고 비회원인 채로 다니는데 그 일이 왜 그렇게 마음이 아픈지 누구에게도 아닌 나 스스로에게 마음이 상했던 것 같았다.

그 당시에 주식에 주 자도 모르면서 지인이 자꾸 권하셔서 그 형님이 시키는 대로 어떤 종목을 샀다. 오르는지 내리는지도 모르고 있다가 직원에게 내 주식을 다 팔면 얼마나 되느냐고 물으니 내가 필요한 금액에서 800만 원이 모자랐다. 포기하고 있다가 얼마 후에 지금은 얼마냐고 또 물었다. 다 정리하면 얼마라고 하는데 앞뒤 재지 않고 팔아달라고 하였다. 더 오를 것 같다며 며칠만 더 둬보라고 한다. 난 기다리는 걸 못하는 성격이다. 그리고 내가 필요한 금액이 되었으니 바로 팔아달라고 하였다. 그 돈으로 바로 회원권을 샀다. 우울증, 언제 그랬느냐는 듯이 날려버렸다.

며칠 후에 증권회사 직원이 혹시 그 회사에 대해서 알고 계셨느냐고 묻는다. 제가 그런 걸 어떻게 아느냐고 했더니, "네, 조금 더 오르긴 했지만, 며칠만 늦었으면 다 휴지가 될 뻔했습니다. 그때 파시길 잘하셨어요. 상장 폐지가 되었습니다." 한다. 그게 무슨 말인지 이해도 못하던 시절이었다.

이따금 갱년기에 우울해하는 친구들을 위로도 안 해주고 핀잔만 주던 일이 많이 미안해진다. 다 원인이 있었을 텐데,

썰매 타는 곳이 아니네

겨울방학에 외손녀 선영이를 데리고 시청 앞 광장으로 썰매를 타러 갔다. 몇십 년 만에 썰매 탈 일을 생각하니 설레기까지 하였다. 선영이랑 이야기하며 지하철을 타고 가는 재미도 쏠쏠하다. 할머니 어릴 때 썰매 타던 이야기도 들려주며 썰매를 탈 때 몸에 균형을 잘 잡고 양손에 잡은 꼬챙이를 얼음 위에 힘 있게 꽂으며 타야 넘어지지 않고 빨리 달릴 수 있다고 알려주며 갔다.

광장으로 올라가니 이른 시간이어서 사람들이 서너 명만 보이고 썰매장으로 알고 간 광장은 유리알처럼 다듬어진 스케이트장이었다. 난 순간 실망이 되어 "아니, 스케이트장이네. 선영아, 안 되겠다. 어딘가 썰매장이 있을 테니 찾아가 보자." 하고 선영이 손을 잡으며 되돌아서려고 하는데, "할머니! 나 스케이트 탈게요" 한다. "아니! 너 스케이트 타봤어?" "아니요 그런데요, 저번에 아빠가 나는 인라인스케이트 타봐서 스케이트도 탈 수 있다고 했어요." 난감했지만 제가 타겠다니 시도해 보기로 했다. 발에 맞는 스케이트와 모자를 빌려서 착용시킨 다음 얼음 위로 올려보냈다.

처음 두 바퀴 정도는 펜스를 잡고 연습을 하더니 곧바로 얼음 위를 젓기 시작한다. 3시간 동안 타면서 서너 번 넘어졌지만, 어린아이가 얼음 위를 젓고 다니는 걸 보며 참 대단해, 대단해, 하며 감탄을 금치 못하였다. 그런 선영이 모습을 어느 방송국 기자인지 사진까지 찍었다. 어디 들어가서 몸 녹일 만한 공간도 없었지만, 할머니 꼭 여기 있으라는 당부 때문에 또, 혹시 넘어질까 봐 사람들 속에 묻혀 보이지 않는 꼬맹이를 찾느라 고생을 하였다.

70년대 분도와 유진이가 어렸을 때 여름이면 바닷물이 따뜻하고 모래벌판이 완만한 연포 해수욕장으로 피서를 다니던 생각이 났다. 아이들이 튜브를 타고 한번 물에 들어가면 도무지 나올 생각을 안 해서 밀려오는 파도에 묻힌 아이들을 찾느라 무던히도 고생하였다. 집에 올 무렵이면 결국 아이들은 등이며 얼굴이 빨갛게 탄 채로 몸살 열로 고생하고 우리는 눈을 너무 쓴 탓으로 병이 나곤 하였다.

더 타겠다는 외손녀에게 할머니 몸이 꽁꽁 얼어서 도저히 못

있겠다고 사정을 하여 집에 올 수가 있었다. 돌아오는 길에 "선영이 너, 오늘 밤에 오줌 쌀 거다." 하였더니 그런 경험이 없는지, "왜요, 할머니?" 한다. 너무 무리하게 스케이트 탔으니까, 오줌 안 싸면 그게 이상한 거다.

선영엄마가 퇴근하는 6시까지 우리 집에 있어야 해서 집으로 데리고 왔다. 스케이트 타고 왔다니까 외할아버지가 어떻게 스케이트를 다 타러 갔나. "누가 말해서 갔어?" 하기에 "누가 말하긴요 60이 넘은 할머니가 말해서 갔지요." 했더니 선영이가 "외할머니 60살이 넘었어요?" 한다. 그러면서 "할머니! 어떤 사람은요 45살인데요. 할머니처럼 못해요." 한다. 하유 요게 그 사람이 누군지는 모르지만, 할머니를 띄워주는 말도 할 줄 알고. "할머니! 내일도 또 가요" 하여서 할머니가 다른 약속들이 있어서 3일 후 화요일에나 가자고 하였더니 언제 화요일이 되지 하며 안달을 한다.

이튿날 전화해서 선영이 오줌 안 쌌니? 물으니 선영 엄마가 웃으며 오줌은 안 쌌는데 코피가 터졌다고 한다. 내 그럴 줄 알았다. 그렇게 재밌어하며 얼음 위를 휘젓고 다녔으니, 난 자고 나니 입술이 부르텄다. 5시간 잔디밭 걷는 것보다 훨씬 더 힘들었다. 화요일엔 옷도 더 많이 입고 따뜻한 녹차도 가지고 가야겠다. 선영이를 앞에 태우고 썰매를 타보고 싶었는데 그걸 못해서 좀 아쉽다. 어릴 적 손을 호호 불어가며 신나게 썰매를 타다 보면 등에서는 촉촉하게 땀이 나고 빨리 달리려고 욕심을 내다 보면 넘어지고 만다. 썰매 날이 좀 무디다 싶으면 작은오빠가 늘 날을 세워주었다. 눈썰매 속도만큼은 아니었지만 꽤나 속도감 있게 달리며 얼마나 즐겁게 놀던 일이었는지 행복하던 어린 시절로 돌아가고 싶다.

아다다의 주제곡이 나오면

요즘은 유진이가 TV에서 경쾌한 음악이나 노래가 나오면 몸을 앞뒤로 흔들면서 즐거워한다. 특히 9시 30분 연속극 '아다다'의 주제곡이 나오면 따라 부른다고 웅얼웅얼한다. 어찌나 얄미운지 모른다. 그 어린 눈에, 귀에, 무엇이 보고 들리는지 참 신기한 일이다. 하나 어쩌자고 이가 아직도 안 나는지? 이제 새달이면 돌인데.

오늘도 계속 유진이 때문에 웃는다. 저녁에 TV 연속극 『새엄마』에서 주제가가 나오면 귀를 기울이고 듣고 있다가 '우리 엄마 새엄마' 하는 구절에서는 우리와 새자, 소리는 못 하니까 '엄~마 엄마' 소리만 따라서 한다. 그 모습이 귀여워서 종일 힘들었던 걸 다 잊는다.

분도가 5살, 유진이가 3살 때이다. 오빠라고 분도가 유진이를 잘 보아준다. 밖에 나가 놀 때는 꼭 손을 잡고 다니며, 차가 지나갈 때는 얼른 한옆에 비켜 세우곤 한다.

낮에 하던 일을 마치고 어디서 노는가 싶어 나가 보았더니, 아이들이 하나도 보이지가 않는데 교회 쪽으로 힐끗 지나가는 것이 보인다. 혹시나 해서 얼른 쫓아가 보니 4명이 앞장서고 분도는 그 뒤에서 유진이 손을 붙잡고 따라가고 있다.

어디 가느냐고 물으니 학교 놀이터에 간단다. 그럼 유진이는 엄마하고 집에 가고 너희들만 가라고 하였다. 유진이가 오빠들 가는 쪽을 바라보며 악을 쓰며 운다. 따라가겠다고.

유진이가 울어서인지 아이들이 집으로 왔다.

"분도야! 다음부터 놀이터에 갈 때는 유진이는 엄마한테 맡기고 가는 거야"

조금만 늦게 갔어도 그 먼 곳을 데리고 갈 뻔했다. 기저귀까지 차서 뒤뚱거리는 애를. 그 당시 분도는 동생을 너무 잘 챙긴다고 주위 사람들한테 칭찬을 많이 들었었다.

분도가 요즘 밖에서 놀다 들어와서는 "엄마 나도 잠바 좀 사줘" 한다. 누가 입었느냐고 하니까 미정이도 입었고 기영이도 입었단다. 그랬는데 오늘 새벽엔 아빠가 성당에 가느라고 일찍 일어나 잠바를 입고 지퍼를 쓱 올리니까 잠에서 깨어 쳐다보고 있던 분도가 "아빠! 나도 그런 옷 좀 사줘" 한다. 퍽이나 입고 싶은 모양이다. 특히 지퍼를 올리고 내리는 데 반해 버린 모양이다. 하나 사줘야겠다. 날씨도 추워 오는데.

지난 19일에 첫눈이 소담스럽게 쏟아졌다. 펑펑 쏟아지는 풍경이 정말 멋있었다. 아이들이 추운 줄도 모르고 내다보며 마냥 좋아하더니 분도가 신이 나는지 그 당시 한창 유행하던 「즐거운 일요일」 곡에다 제 나름대로 가사를 붙여서 노래를 신나게 부르고 있다.

눈이 와요 자꾸 자꾸 와요
눈이 와요 많이많이 와요
누~운이 와요 하늘에서 와요
자꾸 와요오.

제대로 가사와 곡이 어우러져 신나게 부른다.

낮 12시에 성당에서 종소리가 들리니까 유진이가 귀가 번쩍 띄는지 "엄마! 엄마" 하고 부르더니 손을 번쩍 들어 종 치는 시늉을 하며 땡! 한단다.

"응! 때 앵 소리가 들리지 성부와 성자와 하는 성당에서 기도하라고 종을 치는 거야." 하니까 "으응" 한다. 몹시 귀엽다.

새벽 미사에 가려고 아빠가 일어났는데 막 삼종을 알리는 종소리가 "땡 때 앵" 하고 울렸다. 그러니까 유진이가 잠 속에서 손을 들어 때 앵! 소리를 내며 중얼거리더니 다시 잠속에 빠진다. 그 모습이 귀여워서 아빠와 같이 웃었다.

아이들이 어려서 남편은 새벽미사에, 나는 낮미사에 교대로 성당 미사를 다녔었다.

그 후에 조금 더 자라서 말은 잘 못하고, 무릎은 꿇을 수가 있을 때인데 4식구가 저녁 기도하려고 모여서 장궤를 하고 성호경을 그을 때면, 유진이도 두 손 모으고 무릎을 꿇었는데, 그 모습이 너무 앙증맞아서 웃음이 나곤 하였다.

다니러 오셨던 친정어머니가 그 모습을 보시고 감탄을 하셨다. 그런 모습을 보는 것만으로도 참 행복했었다.

1974

웃어봐

첫 아이를 낳고 얼마 되지 않았을 때인데 시어머님과 숙모님이 오셨다.

첫 손자를 보러 오셨는데, 아직 한 달도 안 되어서 웃지도 못할 때이다. 나는 어른들께 보여 드리려는 것처럼, 아이의 볼을 간질이며 '웃어봐! 웃어봐' 하며 어르고 있었다.

갓난아기이니 웃을 리가 없다. 그래도 볼을 건드리며 자꾸 웃어보라고 하자 작은어머니가 "너는 왜 시동생 이름을 자꾸만 부르니?" 하신다. 중학교에 다니는 시동생 이름이 '우섭'이었다. 난 그 말씀이 어찌나 우스운지 시어머님 앞인 것도 잊은 채 아기 대신 내가 큰 소리로 하하하 웃고 말았다.

지금도 그때가 생각나서 웃을 때가 있다. 나처럼 그 말이 우스운지 막냇동생 말따가 심심하면 그 얘기를 하라고 해서 웃게 된다. 얼마 전에 두 분이 꿈에 보이셔서 성지에 가서 전대사기도를 바쳐드렸다. 천국에서 웃으며 보고 계실 것만 같다.

'잘 살다 오너라' 하시면서, 시어머님은 손자가 열 살 때까지 생일이면 팥 단지를 해 주셨다. 해마다 하시는 게 힘드실 것 같아서 그만해 주시라고 하였지만 열 살 때까지는 해 줄 거라고 하며 정성껏 팥 단지를 해 오셨다.

그래서인지 아들이 자라면서 대입문제, 취업문제 등 이런저런 힘든 상황을 맞을 때도 잘 견디며 제 할 일을 하고 있다. 어머니가 도와주시나 보다는 생각이 들며 감사할 뿐이다. 벌써 50여 년 전에 쏘아버린 화살처럼 기억 저편으로 날아가 버린 희미한 옛사랑 이야기이다. 어머니, 감사합니다.

기도할게요

- 이유진(엘리사벳), 쓴 글

두고두고 가슴 아플 일이긴 하지만 하느님의 자녀로 살아가다 죽음을 맞이한다는 건 하느님을 만나는 길이 기도하고 은총을 주시는 통로의 한 가지 방법인 것 같아요.

우리 살고 있는 이 세상이 끝이 아니고 전부가 아닌, 하느님이 주신 소명을 완벽히 완수한 사람만이 마칠 수 있고 하느님께로 나아갈 수 있는… 그것이 죽음을 통한 길 아닌가 생각해요.

물론 제가 생각한 게 아니고 경원이를 보내고 난 다음 날 아침 연도 중에 주신 깨달음이에요.

일일이 셀 수도 없이 많은 분들의 기도를 생각하고 있었기에 당연히 치유될 수 있을 거라 생각했던 라파엘이었어요. 당장 일어나진 못한다 해도 이렇게 금방 데려가실 줄은 몰랐었죠.

저의 착각이었을 수도 있고… 결국은 저의 부족함으로 그냥 보내고 말았죠.

분명히 이 일이 아무 의미 없이 일어나진 않았을 텐데….

왜냐면 이미 일 년이라는 시간 동안 너무나 많은 사람들의 기도로 제가 변화되고 많은 사람들이 변화되고 있는 걸 느꼈고 어린아이들까지 하느님께 의지하며 기도하고 있던 그 상황을 어떻게 그냥 아무 일도 할 수 없는 그냥 그런 일로 저버리실 수 있는지 궁금했어요.

모두 낙담하진 않을지 하느님을 원망하는 사람이라도 생겨나면 어떡할지. 이건 아닌데… 걱정하지 말라고 괜찮다며 포근히 감싸주시던 그 느낌은 어디로 가고 이 일이 어떻게 하느님께 영광이 될 수 있을지…, 그날은 하루 종일. '도저히 모르겠어요. 하느님, 알려주세요.'라는 기도가 전부였네요.

그렇지만 그냥 그렇게 하루가 다 지나고 밤이 되었고, 그렇다면 아직 내가 깨달을 수 없는 상태라면 경원이가 지금 좋은 거 맞죠? 라며 그거라도 확인시켜 달라 떼를 쓰다가 눈이 떠지는 거예요. 잠을 잔 거죠.

한심한 생각에 그나마 꿈에라도 보여주셨는지 생각해봤더니 아무 생각도 안 났어요.

이 상태로는 도저히 입관도 장례미사도 못할 것 같다는 생각으로 더 하느님께 매달렸죠.

그러다 성당 베드로아저씨가 연도해 주시러 오셨고 글라라 수녀님도 오셨어요.

변한 건 아무것도 없는 채로 아침 첫 연도를 바치고 있는데 중간쯤 지났을까. 갑자기 제 눈앞에 아주 파란, 예전 애들 프로그램 텔레토비들이 살던 동산 같은 잔디밭이 펼쳐지면서 예수님 손 잡고 깔깔대며 매달려 있는 경원이 모습이 너무나 생생하게 느껴졌어요.

그냥 웃고 있는 게 아니라 장난기 가득한 표정으로 저를 놀리며 까불 까불대고 있는 너무너무 재미있고 좋은데 제가 울고 있는 게 우습다는 듯이. 글 솜씨가 없어서 뭐라 딱 알맞게 표현을 못하는 게 아쉬울 정도로 그 순간 저의 모든 걱정, 근심, 두려움은 사라졌고 기쁘고 죄송하고 미안했어요.

우리가 살고 있는 이 세상이 끝이 아니었지 맞다. 그걸 몰랐구나. 그리고 우리들 보다 예수님한테 경원이가 더 필요한가 보다 하는 생각이 들더라구요. 경원이 누워 있는 동안 예수님의 수난에 대해 묵상을 하게 되었는데 경원이 손을 잡고 있는 예수님 느낌이 뭔가 제게 말을 하는 것 같았어요.

고맙다. 이렇게 활기차고 유쾌하고 웃음 넘치는 경원이랑 있으니 행복하다, 기쁘다.

아주 잠시 저에게 느껴진 예수님과 경원이의 모습을 느끼고 나니 제가 더 이상 걱정할 건 하나도 없었지요.

경원이는 말할 것도 없고 선영이나 분도, 엄마 아빠 기도해 주셨던 모든 분들, 아이들까지도 어떤 방식으로든 언제가 될진 모르겠지만 제게 주셨던 이 깨달음을 언젠간 주실 거니까요.

그동안 하느님, 예수님 의견은 뒷전으로 제 생각대로 살던 저는 버리고 하느님의 이끄심대로 살겠다고 다시 한번 다짐하고 결심하면서, 저에게 이쁘고 사랑스러운 천사 경원이를 보내주셨던 걸 너무나 감사했어요. 이렇게 못나고 잘해주지도 못하는 엄마한테 보내졌던 게 미안하고 이렇게 힘들게 할 수밖에 없었던 엄마한테 차라리 안 왔었다면 더 좋은 게 아니었을까. 싶기도 했지만, 경원이는 저에게 하느님을 완벽하게 알려주어 자기 소명을 완수했고. 저뿐 아니라 많은 사람들에게 그렇게 했을 거라 믿어요.

미리 좀더 나은 저였다면 경원이가 이런 고통을 받지 않았을 수도 있지 않았을까. 하는 생각도 들었지만. 그랬다면 저에게 이렇게 사랑스러웠던 경원이를 보내주시지 않았겠죠. 그래서 미안하고 고맙고, 아직도 많은 부분 바뀌고 노력하고 새로워져야 하지만 저에게 맡겨진 소명을 완벽하고 성실하게 수행하기 위해 노력하고 또 노력해야죠. 그래야 소명 다하는 날. 하느님 앞에 예수님 앞에 그리고 경원이에게 떳떳할 수 있을 테니까요.

그것도 못하냐고 핀잔 듣기는 싫거든요. 지금은 아무도 알 수 없을지 몰라도 분명히 하느님의 놀라운 계획 안에 있는 저희들이고 그분도 저희를 위로해 주시고 용기를 주셨던 분이니 잘 견디실 거라 믿어요.

경원이 미사 끝나고 그 어른께서 위로의 편지를 주셔서 저는 많은 위안을 받았었는데. 저는 기도밖에 할 수 없네요. 기도할게요.

너무 맘 아파하시는 것 같아 몇 줄 쓰려고 했는데 넘 길어졌어요.

레지오에 들어가려고 어제 두 번째 방문했거든요. 담주에 가면 저도 기도 부탁을 해야겠네요.

좋은 하루 지내세요.

참척을 당하신 지인의 슬픈 마음을 위로해 드리자고 기도를 부탁했더니 라파엘 엄마한테서 온 메일 때문에 아침부터 눈물바람을 하였습니다. 이제야 라파엘 보낼 때의 속마음을 털어놓는군요. 그런 마음으로 잘 견뎠으니 감사할 뿐입니다.

일 년 동안의 마음 아픈 일들 눈물로 기도하던 일들은 아직도 제기동 성당 게시판에 있는데 언제가 모아서 담아두려고 합니다. 제기동 성당 전 신자가 함께 기도하던 일들을 무심하게 둘 수가 없어서.

엉뚱한 글자가 써진다

컴퓨터에 글을 쓰려고 앉았는데 내가 하려는 말이 전혀 다른 말로 쓰여진다. 아무리 정신을 차려도 중구난방이다. 너무나 황당해서 포기하고 밖으로 나갔다. 길을 걷는데 똑바로 걷지 않고 바닷가에 게처럼 한쪽 방향인 왼쪽으로만 가고 있다. 몸도 으슬으슬 춥고 평상시의 내가 아니어서 다시 집에 왔다.

이런 증상이 이틀이나 계속되었다. 그래도 카페에 중언부언 몇 자 올리고 쉬고 있는데 망년지우한테 걱정이 된다며 전화가 왔다. 카페에 올려져 있는 글을 본 것 같았다. 병원에 가보라고 한다. "네, 가볼게요." 기쁘게 대답하였다. 반가운 친구의 전화여서인지 전화 한 통화로 이미 다 나은 듯하였다. 자고 나면 방향감각이 돌아올 것만 같다.

딸이 전화해서 "내일은 아침에 병원에 갈 거니까 보험증 찾아놓고 주무세요." 한다. 내가 말한 적이 없는데 딸도 엄마의 횡설

수설한 글을 카페에서 읽은 모양이다.

"엄만 지금까지 감기로 병원에 가본 적은 한 번도 없단다. 걱정하지 말고 자. 이젠 말도 더듬지 않고 잘해."

잠자리에 들어서 내가 왜 이런 증상이 생겼을까 곰곰 생각해 보니 평소 몸살기가 있을 때보다, 약을 많이 먹은 것 같은 생각이 들었다. 평소에는 몸이 덜덜 떨리는 감기가 걸려도 쌍화탕 한 병과 아스피린 한 알만 먹으면 다 나았는데 이번엔 어림도 없다. 사돈이(딸의 시어머니이지만 친구) 감기엔 밥을 먹지 않으면 안 된다고 맛있는 거 사줄 테니 나오라고 전화를 했다. 내 대답이 이치에도 안 맞게 이랬다저랬다 하니까 무슨 약 먹었느냐고 묻는다. "쌍화탕과 아스피린 한 알이요." 했더니 그거 가지고는 안 된다고 하며 타이레놀도 한 알은 안 되니까 두 알씩 먹고 땀을 내라고 한다. 두 알을 먹고 땀을 내려고 애를 써도 땀커녕 생각은 더 또렷해진다. 4시간쯤 지나서 다시 두 알, 자려고 할 때 다시 2알, 그래서 생각한 게 내가 약을 과다 복용했나? 의심이 들었다. 내 생전에 타이레놀 두 알씩 복용하기는 이번이 처음이다. 몸살기가 있다 싶으면 아스피린 한 알만 먹고 자고 나면 늘 정상으로 돌아오곤 했다.

원인을 찾은 것 같아서 내일은 괜찮겠지 안심을 하고 잠자리에 들었다. 아침에 일어나니 컨디션이 좋다. 며칠 만에 아침밥을 다 먹고, 딸이 오기 전에 전화해야지 하는데, "엄마 나 지금 가요." 하는 전화가 왔다. 오늘은 자고 났더니 괜찮다고, 얼른 사무실에나 가라고 했다.

"어젠 넘어지기까지 하셨다며, 병원에 가서 아무 일도 아니면 되지요" 한다. "아냐, 안 가도 되겠어." 전화를 끊고 돌아서는데 어찔 하는 게 넘어질 뻔하였다. 이런 상태로 차도에 나갔다가는 사고라도 생길 것 같았다. 정상이 아니다. 다시 딸을 불렀다.

"바오로병원에 가야지" 하니까 아녜요. "선영이 큰아빠가(의사) 서울대학 병원에 가시라는데요." "왜?" 하니까 다른 데 없는 기계가 있다고 뇌 사진 찍는 기계가 어쩌고 하여서 겁이 덜컥 났다. 남편에게 "얘 좀 봐요. 나보고 서울대학병원엘 가재요. 근데 나 곰곰 생각해 보니까 약을 많이 먹어서 그런 거 같은데…" "하루에 3번만 먹지 더 먹었단 말이야?" '사돈이 한 알은 안 된다고 두 알씩 먹으라고 하기에 시간도 짧게 많이 먹었어요.' 했다가 한소리 들었다. 서울대학병원은 아무 때나 가느냐며 일차 진료를 받아야 하니까 가까운데 가서 약 먹은 얘기를 하면 해독제를 줄 거라고 한다.

동네 병원 의사 선생님이 자세히 듣더니 일단은 약물 과다 복용인 거 같으니까 이 약을 하루에 한 번씩, 4일만 먹고 돌아다니지 말고 가만히 누워 있으라고 한다. 한숨 돌리고 종일 누워서 쉬고 있다.

내가 이렇게 장황하게 쓰는 이유는 약, 과복용이 얼마나 무서운지 카페 식구들 조심하라는 경고 메시지이다. 오늘도 팔이 후들거리긴 한다. 그러나 하루 약 먹고 쉬고 나니 다 나았다. 3일분 약은 다시 병원에 갖다 주어야 할까 보다. 좋은 경험을 한 사건이었다.

과하면 부족함만 못하다는 옛말이 실감나는 며칠이었다. 어디 약뿐이랴, 요즘 세상에는 부족해서 생기는 것보다 넘쳐나서 생기는 병폐가 더 크다. 절제가 미덕인 세상에 살고 있으니 더 철저히 절제를 몸에 배게 해야 할 텐데 보통 결심으로는 어려우니 그것이 문제이다. 어떤 이유로든 엉뚱한 글자가 써지는 일이 벌어지기 전에 정신 똑바로 차리고, 하느님 주신 풍요를 아끼며 쓰고 살 일이다.

2005, 12

천국에서 치는 박수

소설에서 단테는, 지옥을 영원히 빠져나올 수 없는 곳으로 표현했지만, 나는 우리가 판단하기에 용서받기 힘든, 자식을 죽인 죄인이거나 신의를 저버린 사람이라도 자비의 하느님께서 지옥까지는 보내지 않으리라는 생각이 든다. 인류 구원을 위해서 십자가에 돌아가시기까지 한 예수님의 공로가 있기에~

연옥에서 깨끗한 영혼으로 거듭나서 천국으로 가리라는 믿음으로 영혼들을 위해서 기도하게 된다. 어떤 이들은 연옥이 없다고 하지만, 나는 지옥이 없을 거라는, 아니 없으면 좋겠다는 마음으로 기도하고 있다.

감히 내가 판단할 일은 아니지만 가롯 유다도, 김일성 할아버지도 지옥불에 가지 않았으리라는 희망으로 하느님의 자비에 맡기며 기도하게 된다. 누구나 임종하기 전에는 평생의 삶을 눈물로 통회하여 하느님의 자비를 얻을 것만 같다.

하느님! 누구나 생명이 다하기 전에 통회하며 세상을 떠날 수 있도록 은총 허락하소서.

신앙생활을 열심히 하시는 권사님 댁으로 시집을 간 조카딸이 저도 열심히 살고 있어서 예쁘다. 친정엄마와 시어머니에게도 음으로 양으로 돌보아드려서 늘 기특하였다. 그런데 연옥을 안 믿는다. 성경 어디에 연옥에 대한 말씀이 있느냐며 엄마도 당연히 임종하면서 천국에 가셨다고 믿으니 내가 바쳐드리는 전대사 기도를 신뢰하는 것 같지가 않았다. 목숨을 바쳐 주님을 증거한 순교자가 아니고서야 어떻게 감히 죽으면 천국에 갈 수가 있는지 상상도 못 하겠다. 아무리 악인이라도 바로 지옥에 가는 영혼들이 있다는 것은 더욱더 상상이 안 된다.

연옥이라는 단어는 없지만 죽은 자들을 위해서 기도하라는 표현이 있는데 지옥 간 영혼을 위해서 기도하라는 말은 없으니 그곳이 연옥이라고 믿고 있다. 「마카베오기」에 나오는 구절이다. 혹시 루터가 「마카베오기」는 버리고 와서 생전 못 읽어보니 성경 어디에 그런 말이 있느냐고 박박 우기듯 의문을 갖는 것 같다. 카톨릭에는 성경이 구약, 신약 합해서 73권인데 교회에는 66권이라고 들었다. 버리고 나온 성경이 무엇일지 궁금하기도~

나는 요즘 토빗기를 쓰며 행복해서 매일이 즐겁다. 그런데 그 토빗기도 교회에는 없다고 해서 한심하다는 생각이 든다. 신자들에게 유익하게 읽혀야 할 제 2경전은 왜 다 버리고 왔을까 의문만들 뿐이다.

『이 팔찌의 주인은 누구였을까』가 출간되어서 수필문학 밴드에 올려져 있을 때이다.

여러 선생님들이 축하 글들을 달아주고 계실 때인데 추천사를 써 주신, 오경자 교수님도 축하 글을 올려주셨다. 전대사기도를 나보다 더 잘 이해하신 듯하였다. 난 순간 그 댓글에 감동이 되어 전대사 드리러 성지에 다니던 일들이 새삼스러워졌다. 나에게도 커다란 은총의 시간들이었기 때문이다.

'서 선생님, 전대사기도 받으신 영혼들이 천국에서 치는 축하의 박수 들리십니까? 축하드립니다.'

'오경자 교수님, 감사합니다. 제가 이 세상에서의 소풍 끝내고 돌아가면 어린 천사 라파엘과 요한이를 앞세우고, 성인들이 마중 나오실 것 같다는 생각이 듭니다. 모르고 지은 잘못, 악의 없이 무심코 한 말들로 인해서 상대방의 마음을 상하게 해준 잘못도, 다 사함을 받고 천사들을 만날 것 같습니다. 특히 수많은 순교 성인들이 우리나라를 위해서 기도해 주시리라 믿고 있습니다.'

제게 이런 믿음을 허락하신 하느님 아버지, 영원무궁토록 찬미 받으소서. 이런 믿음이 없었다면 이 목불인견의 참혹한 시대를 온전한 정신으로 살아갈 수 있었을지 가늠도 못 하겠습니다. 특히 부모들에 의해서 희생되는 어린 생명들을 볼 때마다 마음이 저려와서 제 생명마저 단축되는 느낌입니다. 하느님의 모상대로 태어난 사람들이 생명의 소중함을 뼈저리게 느끼도록 깨우쳐 주소서. 아멘!

사랑에 감사드립니다

- 박성진(베네딕또), 쓴 글

1년이라는 긴 시간 동안 라파엘을 통해 무한한 사랑을 주신 주 예수님께 깊은 사랑의 감사를 드립니다. 우리들에게 신비를 깨달을 때까지 시간을 주시려 병원에서 육신의 치료를 위해 보내주신 의사, 간호사 선생님들과 라파엘과 우리 모두에게 많은 자비로 이끌어 주신 신부님들과 수녀님들 그리고 기도해 주신 모든 분들께 또한 사랑의 감사를 드립니다.

처음 서울대 병원에서 진단으로 희귀 중병으로 뇌간아 신경교종이라는 병명으로 1개월, 생존에 운이 좋으면 3개월 생존확률 10%, 6개월은 거기서 또 10%, 1년은 거기서 또 10%라는 판정을 받고 억장이 무너지는 듯했습니다. 경원이가 눈치가 빠른 아이라서 엄마한테 살짝 말했었다는군요.

"엄마… 나 살고 싶어"라고.

치료하기에는 사망 확률이 너무 높은 부위라 수술도 안 되었지만, 어린아이가 받아들이기 힘들고 어려운 방사선 치료를 끝까지 받게 해 주셔서 우선 감사드립니다. 조금이라도 움직이면 안 되어서 재워야 했지만, 수면제 투여 시 영영 못 깨어날지 모른다고(각성 중추가 종양으로 눌려 있어서) 이도 저도 못했지만, 치료시간이 되면 딱 그 시간 동안 잠을 자고 끝나면 깨어나서 웃는 모습이 너무 신기했었지요.

스테로이드 치료제 부작용이라고는 하지만 항상 모든 음식에 대해서 기쁜 마음으로 감사히 먹게 해주셔서 감사합니다.(물론 적은 양이지만) 한때는 너무 먹어서 '뭐 먹고 싶을 때는 성호경을 해라' 했더니 연신 웃으면서 하루 종일 성호경을 긋던 모습이 선하네요.

함세웅 신부님께 첫 영성체를 받고 주님을 모시면서 너무 즐거워하며 그 시간마다를 라파엘이 기다리게 해주셔서 감사합니다. 치료 및 약물투여를 그만두고 며칠 안 되어서 중환자실에 들어가기 전에 병원 미사도 못 가고 봉성체를 할 때 힘없이 '주님 찬미 받으소서'라며 가르쳐 주지도 않은 기도문을 외우며 성체를 모시게 해 주셔서 감사드립니다. 퇴원 후 집에서 요양하며 조금씩 조금씩 체력이 떨어지면서도 조금씩의 의사소통을 통해 정현진 라우렌시오 신부님과 글라라 수녀님이 봉성체 오시는 날을 제일 기뻐하게 해주심을 감사합니다.

베네딕또(라파엘 아빠)가 라파엘을 보내고 감사의 글을 올린 것을 보고 또 한번 눈물을 쏟았다.

'하느님, 아들을 보낸 부모의 마음을 어루만져 주소서.'

2

딸의 기도

살아 있는 후손의 할 일

감곡성당에서 김웅렬 신부님의 강론을 듣고 전대사에 대해서 많은 것을 배웠다. 전대사기간인지도 모르고 갔는데 바오로 탄생 2000년의 해에 선포된 전대사기간이라고 하여 기쁜 마음으로 경원이를 위해서 전대사기도를 봉헌해야지 기대하고 있었다. 그런데 전대사기도는 돌아가신 영혼들에게만 해드릴 수 있다고 하여 실망이 되었다.

얼마 전에 기일이 지난 시누 이우분 안나를 위해서 기도하였다. 본인은 물론 가족 누구도 그렇게 깊은 병이 있는 줄을 모르고 있었는데 갑자기 나빠져서 회갑년 해에 선종을 하여서 이게 무슨 일인가 싶었다.

회갑 생일에는 서울에 사는 형제들 세 집이 양수리 강변에 있는 음식점에서 점심만 먹었었다. 아들이 엄마를 위해서 연꽃잎이 무성하게 자란 강변 좋은 곳에 예약을 해서 다녀왔었다. 그리고 3개월 후에 다시는 만나지 못할 곳으로 가버려서 도저히 이해가 안 되었다. 우리와는 이웃에 살았기 때문에 갑자기 가는 모습을 보며 마음이 더 아팠었다.

평일이었는데 제기동 성당 성모회에서 단체로 참석해서인지 피정 강론처럼 열강을 해주셨다. 다른 약속도 파기하고 오늘 이곳에 온 것이 신부님 말씀처럼 성모님의 인도하심으로 온 것만 같다. 감사하고 감사하다.

전대사란 무엇인가에 대해서도 확실히 알게 되었다. 평생 지은 잘못에 대한 잠벌이 고백성사를 보고 사하였지만 남아 있는 죄의 찌꺼기들을 깨끗이 씻어내는 은사라고 한다. 연옥에서 보속을 하고 있을 때 누군가 이 세상에 남아 있는 사람이 그 영혼을 위해서 기도해 드리면 잠벌에서 벗어나서 하느님 나라에서 영원한 안식을 누릴 수 있게 된다고 한다. 이렇게 좋은 전대사의 해에 더 부지런히 성지에 다니며 영혼들을 위해서 기도해 드려야 되겠다는 생각이 들었다.

살아 있는 후손이 할 일이라고 생각된다. 하느님! 이 모든 기도가 박경원 라파엘을 위해서입니다. 전대사 기도를 받아서 천국에 가신 성인들이 라파엘의 치유를 위해서 기도해 주시리라 믿고 싶다. 모든 성인의 통공을 믿으며, 살아있는 사람은 본인만을 위해서 전대사은사를 받을 수 있다고 한다.

강론 중에 치유와 구마와 믿음에 대해서도 알아듣기 쉽게 말씀해 주셨다. 치유에는 육신의 치유만이 아니고 영혼의 치유가 더 중요하다고 하시며 육신의 치유는 고침을 받아도 언젠가는 죽지만 영혼이 치유되지 않은 상태에서 죽으면 영원한 죽음이라는 말씀이 마음에 와닿았다. 믿음에 대해서도 종교인은 많지만 참 신앙인은 드물다고 하시며 신앙에 혼란이 올 때는 전통으로 돌아가서 중심을 가지고 살아가라고 하신다.

2008. 8

딸의 기도

지금도 2014년 10월 9일은 잊히지가 않는다. 서너 평 텃밭에서 열무를 솎으려고 나갔다가 발이 꼬인다고 느낀 순간, 누가 팍 떠밀기라도 한 것처럼 소쿠리를 내동댕이친 채 엄청난 속도로 세면 바닥으로 엎어졌다. 숨이 막힐 것처럼 가슴과 무릎이 아파서 엎어진 채로 몇십 분을 안정을 취하느라 손이 닿는 곳의 풀만 뽑고 있었다.

이튿날 방 문턱을 넘다가 아픈 무릎을 지탱하지 못해서 털썩 주저앉았는데 허리가 다 나간 것 같은 충격을 받았다. 순간 끈적한 진땀이 배어 나온다. 누운 채로 30여 분을 있었다. 남편이 일으켜서 침대로 옮기려고 하는데 절대로 건드리지 못하게 하였다. 조금만 움직여도 죽을 듯이 아팠다. 어느 정도 안정이 되자 남편이 발을 들어보라고 한다. 발을 끝까지 들을 수가 있었다. "됐어, 고관절은 안 다친 것 같으니 다행이야" 한다. 무릎보다 허리가 더 큰 문제로 2개월이나 침대에 누워서 고생을 하였다. 2개월을 침대에 누워있는 동안 머리카락이 하얗게 변해 있었다.

이후에 364일을 절뚝이며 걸었다. 내가 장애인이 되는 게 아닐까 싶을 정도로 낫지를 않았었는데 365일 되던 날, 내가 자연스럽게 걷고 있다. 하느님! 제가 절뚝거리지 않고 걷다니요!

너무나 신기해서 딸에게 문자를 보냈다.

'내가 절뚝이며 걷는다고 생각했는데 자연스레 걷고 있다. 꼭 일 년 만이다.' 답문이 왔다.

'엄마, 너무 신기해요. 오늘이 엄마 위한 9일 기도가 끝나는 날이에요.'

평소에도 엄마, 아빠 기도한다고 하였지만, 특별히 청원기도와 감사기도까지 54일 9일 기도를 또 하였나 보다.

넘어진 후 3일 만에 어쩔 수가 없이 119응급차를 타고 시술을 받으러 가야 했다. 시술 받으러 들어가는 시간을 알기나 한 듯이 딸한테서 전화가 왔다.

"지금 레지오 회합 시간이라 여럿이 모여서 엄마 기도하고 있으니까 아무 걱정 하지 말고 시술 잘 받으세요." 한다.

이 고통을 알기나 할까? 한 걸음 옮길 적마다 첫 분만할 때보다 더 힘든 고통처럼 느껴진다.

수술대에 누웠다. 레자로 씌운 수술대가 차가운 게 느낌부터가 싸늘하다. 몸이 조여 오는 듯한 채로 누워있는데 점점 침대가 따뜻해진다. 편안하다.

'아, 수술 침대라 전기가 들어오나 보다.'

편안하게 시술을 받고 나와서 간호사에게 '침대에 전기가 들어와서 따뜻해서 좋았어요.' 했더니 전기가 들어오지 않는다고 한다. '?' 그럼 딸이 기도해 준 덕으로, 그런 것이었나요. 하느님!

박경원 라파엘 천사도 겁이 많은 할머니 머리맡에서 엄마와 같이 기도해 주었으리라 확신한다. 2010년 백내장 수술을 할 때처럼~

하느님! 감사합니다. 찬미와 흠숭을 영원히 받으소서. 아멘!

2015. 10

꼭 어머니가 옆에 오신 것만 같았다

LA 얼바인에 사는 딸네 집에 있을 때, 라파엘의 기일을 맞았다. 외손자 라파엘이 떠난 지가 10년이 되었다는 것을 알게 되었다. 천국에서 뛰어 놀고 있겠지 하는 마음이어서 편하게 기일을 맞이하곤 하였는데 라파엘을 위한 연미사 예물을 드리는 과정에서 올해가 10주년이 되었다는 것을 알았다. 살아 있었다면 대학에 갈 나이가 되었구나. 이곳에서는 매년 기일 때마다 가까운 교우들이 모여서 연도도 바치고 성가도 부르며 지낸 것 같았다. 그 정성들이 고마웠다.

기일 미사에 참석하였다. 보내고 나서는 거의 3년여 동안이나 누군가 라파엘의 이름 라 자(字)만 불러도 눈물을 쏟았는데 이제는 담담한 마음으로 참석하게 된다. 이미 하늘나라에 갈 때 예수님 손을 잡고 천국으로 갔다는 믿음으로 슬픔에서 벗어났기에 이번에 드리는 연미사는 다른 불쌍한 영혼에게 그 은사를 양도해 주겠구나 싶어서 감사한 마음으로 봉헌하였다.

신부님이 미사 지향을 말씀하시는데 첫 번째로 '박경원 라파엘' 이름을 부르는 순간 눈물이 쏟아졌는데 강론이 끝날 때까지 계속되었다. 감사한 마음으로 미사에 참례할 줄 알았는데 이렇게 뜨거운 눈물이 쏟아질 줄은 몰랐다. 그 순간에 라파엘이 내 옆에 있는 것처럼 느껴졌다. 성체 영 하러 나갈 때서야 눈물이 멎었다.

나는 이런 경험이 세 번째이다. 70년대에 친정어머니가 돌아가셨을 때이다. 돌아가시기 직전에도 우리 딸들한테 굶지 말고 끼니 챙기며 상주 노릇하라고 당부하실 정도로 딸들 걱정이 많으셨다. 장례식 날 미사 시간이었다. 신부님이 강론 중에 어머니에 대한 말씀을 하시는데 둘째 아들 걱정을 많이 하시며 신앙생활을 소홀히 하는 것 때문에 늘 걱정이 되었다고, 가지고 있던 현금을 오빠 미사를 드려달라고 예물로 주셨다는 말씀에 마음이 아파왔다. 7남매 중에 오빠만 신앙문제로 어머니 마음을 상해드렸다. 아침저녁 기도시간에 참석 안 하는 것은 물론 봄가을 판공 때마다 고백성사 보라는 어머니 말씀을 한 번도 듣지 않고 살았다. 성사를 보고도 또 같은 잘못, 기도생활을 충실히 못할 것에 대한 핑계 같은 어려움 때문이었을까? 다른 것도 아닌 신앙생활 때문으로 왜 어머니 마음을 아프게 했는지 이해가 안 되었었다. 그래도 올케가 오빠 몫까지 효도를 하여서 많은 의지를 하셨다. 그래서인지 올케는 4남매의 효도를 마음껏 받으며 지내신다. 올케의 말이 어머니의 은덕인 것 같다고 하여서 공감이 간다.

오빠를 만날 때면 성경 말씀이며 하느님 얘기를 많이 나누었었다. 그럴 때면 얼마나 진지하게 들으시는지 신앙생활을 잘하실 것만 같았다. 그런데 매번 그때뿐이었다. 농부가 뿌린 씨가 돌밭에 떨어져 해가 솟으면 타버리는 비유와 똑같았다. 입이 아프게 이야기한 것이 매번 허사여서 마음이 아프고 화도 났었다.

미사가 시작되면서부터 눈물이 흐르기 시작했는데 오빠 말씀을 들을 때부터는 손수건이 다 젖을 정도로 쏟아졌다. 어머니가 꼭 옆에 계신 것만 같았다. 3일간의 장례 중에 별안간에 오빠의 통곡 소리가 얼마나 크고도 길게 터졌는지 가족은 물론 조문객들까지 눈물을 닦으셨다. 어른 아들의 통곡 소리가 모두의 마음을 절절하게 만들었기 때문이다. 오빠도 어머니가 등이라도 두드려주며 잘 살거라 하는 무언의 느낌을 받으셨을까?

오빠는 하느님의 은총을 돌아가신 후에 받으실 분이었는지 돌아가신 몇 개월 후에 바오로 탄생 2000년이 되던 해에 전대사

기도를 받으셨다. 절두산 성지에 가서 기도해 드렸다.

큰오빠가 2군사령부 비서실에 근무하고 계실 때였다. 나는 늦게나마 오빠 집에서 학교를 다니고 있었다. 작은오빠도 군대생활을 대구에서 하셨다. 어느 일요일 외출 나왔던 작은오빠가 귀대하고 난 후였다. 책상에 앉아 책을 펼쳤는데 책갈피 속에 그 당시 돈으로는 꽤 큰 액수가 들어있었다. 얼마나 감동이었는지 지금도 그때 생각만 하면 행복한 웃음이 번진다.

오빠는 유난히 성격이 급해서 우리들을 정신없게 만들기도 하였다. 작은댁에 가서 무슨 공구를 빌려오라고 할 때면 말을 빨리 해서 펜치인지 드라이버인지 못 알아들을 때가 많았다. 다시 물으면 혼나기만 해서 그대로 가서 이게 맞나 싶은 연장을 가지고 갔다가 또 혼이 나곤 했다. 동생은 아예 연장 서너 개를 다 챙겨 가지고 왔다고 하였다. 가족들이 모일 때면 그 이야기가 단골처럼 나와서 웃음꽃을 피운다. 우리 동생들만 당한 게 아니었다. 딸들 세 명도 다 겪은 일들이었다. 형편이 어려운 편도 아니었는데 공구도 준비 안 하고 사셨는지 지금도 이해가 안 된다.

"너희들도 그런 심부름을 했다고?"

"그럼 고모 심부름 갈 적마다 울었어요." 한다.

어쩌면 번갯불에 콩 구워 먹듯 그렇게도 급한 성격이셨는지 알다가도 모를 일이었다. 그렇지만 유난히 정도 많으셨던 프란치스꼬 오빠! 남아 있는 저희들이 하느님 뜻에 맞게 잘 살다 오라고 기도해 주세요.

80년대에 돌아가신 시어머님께서는 추석 전에 한 달간을 우리 집에 오셔서 지내다 가셨다. 허리가 아파서 치료 받으며 계셨는데 차차 좋아져서 자유롭게 거동을 하셨다. 추석 무렵이 되자 집에 가자고 서두르신다. 프라이드를 운전하고 다닐 때여서 내가 운전해서 모시고 갔다. 아직 초보 티가 났지만 그래도 평택까지 안전운행을 하였다. 집에 도착하여 다 왔다고 하였더니 의아한 표정으로 "아니 언제 한강 다리를 건너왔니?" 하신다.

"네, 올 적에는 제3 한강교를 건너서 왔어요." 어머니는 한강대교만 기억하고 계셨기 때문에 집에 다 왔다는 말에 궁금증이 생기셨던 것 같았다.

며칠 후에 추석이었다. 자손들이 다 떠난 추석날 저녁에 휘영청 달도 밝은 마당에서 이웃분들과 늦게까지 이야기꽃을 피우셨다. 머리가 좀 아프다고 들어가시더니 날이 밝기도 전, 그 새벽에 돌아가셨다. 자손들이 추석에 다녀온 직후 상주가 되어 다시 되돌아가야 하는 황망한 일이 벌어졌다. 8남매 중에 모시고 있던 넷째 아들만이 임종 자식이었다.

우리 집에 계실 때였는데 하루는 내가 저녁 할 시간이 지나서 부지런히 들어왔다. 옷도 못 갈아입고 부엌에 들어가니 어머니와 남편이 두런두런 이야기하며 저녁준비를 하고 계셨다. 그 모습이 영화의 한 장면처럼 따뜻한 기억으로 남아 있다.

'어머니! 자손들 힘들지 말라고 추석에 기일을 맞게 해주셨나요? 꼭 그렇게 느껴집니다.'

소상이 되어서 연도를 바치려고 온 가족이 모여서 기도를 시작하였다. 첫 번째 기도문이 '주여, 나 깊고 그윽한 곳에서 네게 부르짖나이다.'

시편 기도를 하는 순간, 뜨거운 눈물이 팍 쏟아진다. 걷잡을 수 없이 쏟아져서 긴 연도가 끝날 때까지 입을 다물고 있었다. 꼭 어머니가 옆에 오신 것만 같았다. 감사한 마음으로 기도가 되었다.

하느님 아버지, 이런 은총을 체험하게 해주시니 감사합니다.

해돋이에서 해넘이까지 영원무궁토록 찬미영광 받으소서. 아멘!

2018. 12

다시 살아난 무화과나무

올해에는 우리 제기동 본당에서 '우리는 하나다'라는 공동체가 되어 전 신자 캠프를 의정부에 있는 한마음 수련원으로 갔다. 목적지가 가까운 곳이어서 가기 전부터 기분이 좋다. 이젠 먼 곳을 향해서 가는 여행은 미리 멀미가 난다. 아침에 나오려고 하는데 남편이 비가 온다는데 우산을 가지고 가라며 챙겨준다. 뜨거우면 모자 대신 쓰려고 가지고 나오며 무슨 비 걱정을 다한담. 웃으며 나왔다. 하긴 일기예보에서 비가 온다고 하였다. 그래도 전혀 비 걱정이 안 된다. 무슨 배짱인지, 본당 신자 전체가 움직이는데 하느님이 배려해 주실 것만 같다.

한마음 수련원에 도착하여 그곳에 원장으로 계신 용하진 대자(代子) 신부님도 오랜만에 뵈어서 정말 반가웠다. 건강하고 행복하게 사제 생활하시길 기도할 뿐이다. 우리 본당 용유수 회장님은 단신 월남하여 서마리안나 형님과 결혼하여 아들만 3형제를 두셨다. 첫째와 막내를 사제로 보내시고 두 분이 노후를 기도로 보내시는 복이 많으신 분들이다. 늘 존경스럽다.

녹음이 우거지고 계곡물이 흐르는 그곳은 복잡한 서울, 또 끊임없이 내리는 비로 가라앉았던 마음을 맘껏 충전시킬 수 있는 장소였다. 적당히 구름으로 가리어진 날씨에 넓은 잔디밭에서 하는 게임들이 신자들의 마음을 몇 배로 기쁘게 한다. 특히 숨겨놓은 성화카드를 찾아서 퍼즐 맞추기 게임이 얼마나 재미있는지 동심으로 돌아간 듯하다.

우리 구역 자매들은 대부분 연세가 있으셔서 수산나 반장과 둘이 숨겨진 성화를 찾으러 맨발에 슬리퍼를 신고 1시간여나 언덕길을 오르내렸더니, 발이 상처투성이가 되었다. 그래도 어찌나 재미있었는지 발 아픈 건 안중에도 없다. 카드 12장을 찾으러 다닐 때 두 장을 다른 자매들이 찾아다 주었는데 고맙기보다는 오히려 기쁨이 줄어들었다. 어느 장소에서 찾아온 것인지를 모르니까 안 간 장소엘 갔다가 허탕 치는 마음이 오히려 허전하다. 우리를 생각해서 찾아다 주었지만, 당사자인 우리는 그 두 장 때문에 오히려 기쁨이 줄었다면 이해가 되실지, 다음에는 그런 경우에 본인들이 찾으러 다니게 미리 찾아다 주면 안 될 것 같다.

소공동체 체험 사례를 들으며 하느님의 말씀이 무디었던 형제

자매님들의 마음을 변화시켜 주셨음에 감사한 마음이다. 신부님이 소공동체의 목적에 대해 말씀하시며 가난하고 소외된 이웃과 함께할 때 행복하다고, 빈소에 조화 한 송이 마련할 수 없는 교우들을 더 많이 방문해야 된다고 말씀하시며 이성재 회장님에 대해서도 추억하신다. 20여 년간 본당을 위해서 열심히 사셨는데, 형평성 때문에 자주 찾아뵙지 못한 것을 아쉬워하신다. 하긴 그분을 자주 찾아뵙는 것을 교우들이 보았다면 신부님도 부자들만 좋아한다는 말을 하였을지도 모를 일이다.

돌아오는 날 잔디정원에서의 파견미사는 작년에 기차를 전세 내어서 갔던 배론 성지에서처럼 행복했다. 유빌라떼 성가대의 떼제성가가 기쁘고 감사함을 배가시켜 준다. 성가와 함께 들려오는 매미들의 합창 소리가 불협화음처럼 들리기도 하였지만, 간간 시원하고도 행복해지는 바람이 불고 지나가 소나무 아래서의 미사가 우리들의 마음을 기쁨으로 채워 주기에 충분하였다. 신부님이 강론 중에 일기예보에 비가 온다고 하여 걱정하였는데 2박 3일 동안 날씨가 좋아서 감사하다는 말씀을 들으며 본당의 책임자이신 신부님의 신심이 그런 걱정 따위는 다 물리쳐 버리게 하셨을 것 같다는 마음마저 든다.

집에 오니 여름내 따 먹었던 방울토마토나무 3그루가 열매를 주렁주렁 매단 채 다 말라 죽어 있다. 깜짝 놀라서 옷도 못 갈아입고 물을 흠씬 주었더니 살아나긴 했는데 반은 고사가 되었다. 가기 전날 물을 많이 주었는데 이틀 만에 말라 있는 게 이해가 안 된다. 아마도 흙이 조금 들어있는 화분이어서 그런가 보다.

남편한테 "저렇게 시들어 가는 게 안 보였나요? 내가 매일 물 주는 거 못 보았어요? 해도 해도 너무합니다. 당신은 한 끼도 안 거르고 식사하면서 어쩜 저렇게 만들어요?" 하며 볼멘소리를 하였다.

작년처럼 올해에도 방울토마토가 노란 꽃을 셀 수도 없이 피우더니 그게 다 열매가 되어 주렁주렁 달려서 매일 행복하였다. 적당한 간격을 두고 익어서 혼자서는 여유 있게 먹게 된다. 열매가 맛있어서 먹어보라고 남편한테 주면 혼자나 실컷 먹으라고 하여 나 혼자만의 잔치가 된다. 아니다. 나 혼자만의 잔치는 아니었다. 직박구리 새 한 쌍이 시도 때도 없이 날아와 빨갛게 익은 열매만 쪼아 먹고 간다. 무슨 이야기를 하는지 두 마리가 계속 삐삐거리며 수다를 떤다. 아마 먹을 게 많다고 좋아하는 것 같다. 그래서 새들이 먹기 좋은 곳의 열매는 늘 남겨두었다. 새들이 날아와 빨갛게 익은 열매만 쪼아 먹는 모습이 신기하고도 앙증맞아서 엔돌핀이 팡팡 터진다.

시들어진 토마토 나무를 보며 마음이 허전해 있는데 옆 화분은 풀만 무성하게 자라있다. 3일 만에 저 풀들은 시들지도 않고 잘도 자랐네. 뽑아버리려고 나갔는데, 죽은 줄 알고 내버려 두었던, 무화과나무에서 돋아난 새순이었다.

"어머나! 무화과나무가 살아 있어요!"

너무 기뻐서 나도 모르게 소릴 질렀다. 남편이 내다보며 "꽤나 좋아하네." 한다. 아주 반가운 사람을 오랜만에 만난 것보다 더 기뻤다.

작년에 심었던 무화과나무에서 열매를 제법 땄기 때문에 겨울채비를 잘했었다. 신문지로 몇 겹을 싸매고 비닐도 두 겹이나 씌웠는데, 3월에 며칠 동안 날씨가 하도 따뜻하기에 정말 봄이 온 줄 알고 옷을 벗긴 것이 화근이 되어 얼어 죽고 말았다. 4월이 다 가도 새순이 돋지를 않아서 농원에 전화해 보니 첫 마디가 아마 얼어 죽었을 겁니다. 한다. 너무나 속이 상해서 그 나무 등걸을 볼 적마다 내 잘못에 자책을 했었다.

이제라도 무화과나무가 살아나니 몇 배의 기쁨이 된다. 죽었던 나무에서 여름이 다 가는 시기에 몇 개월 만에 너울너울 잎새가 돋다니, 죽었다고 뽑아 버렸으면 어쩔 뻔했나 가슴이 다 철렁한다. 그렇잖아도 내가 4월이 다 가도록 싹이 안 나와서 정말 얼어 죽었나 보다고 안타까워하니까 남편이 그냥 둬 보라고 한다. 죽었는데 두면 뭘 하느냐고 하면서도 뽑아버리지 않은 게 얼마나 잘한 일인지 좋아서 웃음이 자꾸 나온다. 살아있는 가지에서 토마토도 익어가고 무화과나무도 하루가 다르게 잎새가 자란다. 이미 찬바람이 났는지 오늘은 창문 너머로 시원한 바람까지 불어와 더 기쁘다. 이제 찬 서리가 내릴 때까지 무화과나무 자라는 것을 보며 마음 부자로 살아야지. 열매는 달리지 않더라도, 내년을 기약하면 되니까.

하느님, 이런 조그만 일에도 행복할 수 있게 해주셔서 감사합니다. 해돋이에서 해넘이까지 영원무궁토록 찬미, 영광 받으소서. 아멘.

2011. 8. 18

초대 라운드 티켓

오늘 여러 우편물 속에 섞여 있는 눈에 띄는 편지 한 통이 있었다. 중앙CC에서 보내온 건데, 회원들한테 무슨 공지사항이라도 있는가 싶었다. 그런데 뜻밖에도 생일을 축하한다는 인사말과 함께 초대라운드 티켓이 한 장 들어 있었다.

근래에 받아 본 편지 중에 가장 기분 좋은 내용이었다. 가족의 축하보다 한발 앞선 축하를 받고 보니 중앙CC의 배려에 감사함이 크다.

골프를 시작한 후 몇 년 만에 동반자들을 따라 중앙 골프장을 처음 가던 생각이 난다. 경부고속도로를 1시간이나 넘게 달리고도 안성 시내를 지나고 또 시골길을 끝도 없이 가는 것이었다. '아니, 이 양반들이 정신 나갔나 봐, 멀지 않은 여러 곳에 회원권들을 가지고 있으면서 이 먼 곳은 왜 다닌담? 한 번이나 오지 두 번은 올 곳이 못되는구나' 속으로 다짐이 되었다.

너무 멀다고 투덜거리며 필드에 나갔다. 그런데 주위 경관을 둘러보니 깊은 산속에다 골프장을 조성한 듯, 다른 골프장들보다 공기가 청정하다는 게 느껴진다. 코스도 마음에 들거니와 맑은 공기를 마음껏 마시며 파아란 하늘을 올려다볼 수 있다는 것만으로도 좋은 골프장이라는 생각이 들었다. 18홀을 돌면서 나만큼 하늘을 많이 올려다보는 사람은 없을 것 같다. 하늘 한 번 쳐다보고 샷 한 번 하고 그야말로 천국 같다는 생각이 들었다. 기분 좋은 라운딩이었다.

얼마 후에 친구 따라 강남 간다고 골프장도 마음에 들거니와 동반자들이 좋다 보니 나도 회원이 안 될 수가 없었다. 거기다가 고향이 이곳에서 가까운 평택이고 손위 언니가 안성 공도에 살기 때문에 중앙CC에 가는 날은 그리운 고향으로 소풍 가는구나 하는 마음으로 다녀오곤 한다.

그 후에 중앙에 가는 새로운 길, 강변로까지 생기고 보니 이제는 멀다는 느낌은 없고 소풍 가는 것처럼 즐겁게 다닌다. 친정, 고향 이런 그립고 정다운 고장에 일주일에 한 번씩 다닌다는 게 얼마나 축복인지 '하느님, 감사합니다.' 하는 기도가 된다. 실제로 중앙은 배티순교자성지 옆 진천에 있다. 평택, 안성을 지나갈 뿐이다.

오늘 이런 생일 축하 초대 라운드 티켓까지 받고 보니 건강만

허락된다면, 70세, 80세까지라도 중앙CC가 친정인 양 영원한 회원으로 남고 싶다.

1999. 4. 16

홀인원 증서

귀하는 골프경기 중 생애에 한 번 기록하기 어려운 행운의 홀인원을 기록하셨으므로 이에 축하를 드리며 골프스포츠를 통하여 심신의 수양에 진력하시는 귀하에게 본 증서를 드립니다.

성 명: **서 달 희** 증서번호 : **2010-1413**
기록일자: **2010-08-20** 사용클럽 : **5번 아이언**
기록장소: **중앙스카이 3번홀**
사용구 : **나이키**

사단법인 대한골프협회 회장 윤세영

부여로 터전을 옮기고도 꾸준히 다녔는데 2014, 10월에 넘어져서 무릎과 허리를 다치는 바람에 5년을 못 다니다 보니 그곳은 접고 말았다. 아쉽지만 그리운 추억으로 남아 있다.

동반자가 허리와 무릎을 다쳐서 못 간다고 하였더니 아마 5년 정도는 다니지 못할 거라고 자기의 경험담을 이야기한다. 할 수 없이 회원권을 팔았다. 그냥 두었으면 80세가 넘어서도 다닐 수 있었는데 아쉽다. 그 후에 중앙CC는 에머슨CC로 바뀌었다.

붉은악마들의 힘찬 응원

월드컵 경기장은 못 갔지만, TV로 보면서 얼마나 힘차게 응원을 했는지 손바닥이 다 얼얼하다. 포르투갈전이 최대의 관심사인 듯하다.

미국에 2개월간 출장 갔던 아들은 출장도 단축하고 들어왔다.

이래도 되는 건지 모르겠다. 15만 원 주고 산 표가 100만 원이 넘었다기에 "너 그거 팔아서 엄마 필드 좀 나가게 주라"고 했더니 제 평생 기회가 안 올지도 모른다고 빨간 셔츠 입고 신나게 응원 한번 해야 된다면서 벌써부터 들떠 있다.

내가 너무 심했나?

2002. 6. 11.

성경 말씀이 꿀맛처럼 달았다

80년대에 성령의 불길이 빠르게 번질 때였다. 우리 아이들이 초등학교 다닐 때였는데 각 학교마다 주부교실이 결성이 되어 자모들이 이런저런 활동을 할 때였다. 회원들은 의무적으로 전국 주부교실에서 운영하는 주부대학에 다니게 되었다. 1년간의 강좌가 끝나고 다시 연구반이라고 해서 1년을 더 다니게 되었는데, 그곳에서 나는 평생 신앙의 길잡이가 되는 이인복 교수님을 만났다.

어느 날 선생님의 강의시간이었는데, 말레이시아 싸인즈 대학에서 강의를 하실 때의 일들을 이야기했다. 그 많은 이야기들이, 다 신앙 간증처럼 들려서 너무나 감동스러웠다. 집에 돌아와 초등학교 저학년인 딸에게 오늘 엄마가 주부대학에서 강의를 듣는데 너무 재미있어서 1시간 반이 언제 지나갔는지 모르게 가버렸단다. 그랬더니 그 얘기 빨리해 주세요. 하고 조른다. 금방 듣고 왔으니 나름대로 재미있게 얘기를 다 해주었는데, 딸아이가 엄마는 1시간 반이나 들었다면서 왜 30분밖에 안 해요. 빨리 더 해주세요. 하며 성화를 대어서 난감하기까지 했다. 그때 그 감동적인 강의를 들은 게 인연이 되어 지금까지도 이인복 교수님은 신앙의 길잡이가 되어주고 계신다. 그 얘기를 나만 들은 것이 아까워(?) 우리 본당에 모셔 오기로 하였다.

그때 우리 성당에도 성령 세미나를 몇 차례 했을 때인데 조용히 주일미사나 보고 염경기도로 아침저녁 기도는 빼먹지 않고 하는 그야말로 구교우 시절이다. 지금도 그렇지만 구닥다리 교우들은 손을 들어 기쁘게 노래하며 춤추는 것이 경박스러워 보여서 절대로 성령 세미나는 안 받을 거야 하며, 마음으로 다짐할 때였다. 나도 그랬다. 사도행전에 있는 말씀을 미리 읽었으면 그런 마음이 안 들었을 텐데 세례만 받았으면 되는 줄 알고 있었을 때라, 그 부류에는 휩쓸리지 않을 때였다.

지금 생각하면 얼마나 어리석은 일이었는지, 그래도 다윗 왕이 전쟁에서 이기고 돌아와 덩실덩실 춤을 추며 기뻐할 때, 왕비가 백성들이 보는 앞에서 채신머리없게 춤을 춘다고 입을 삐죽거리며 흉을 본 죄로, 하느님이 애기집을 닫아서 아기를 못 낳았다는 말씀은 읽은 기억이 나서 흉은 보지 않고, 나는 못한다고 생각할 때였다.

이인복 교수님이 오시는 날 제기동 미도파 역으로 모시러 나갔다. 그 당시 지하철역 안에, 우동이랑 국수를 파는 좌판대가 있었다. 시간을 보니 강론시간까지 국수 한 그릇 잡수실 시간은 되기에 강론 끝나면 시장하실지 모르니 우동 한 그릇 잡수실래요? 했더니 그러자고 하여서 선 채로 국수를 먹고 성당으로 왔다. 요즘도 그 얘기를 간간이 하신다.

저 사람이 얼마나 꾸밈이 없는지, 나는 나름대로 대접을 받고 다닐 때인데, 나더러 좌판대에서 국수를 먹자고 한 사람이야. 하며 농담 삼아 말을 하신다. 나 역시 배도 고프고 시간이 얼마 없다는 생각에 무심히 한 행동인데 정말 소홀한 행동이었다는 생각이 든다.

그날 강론 말씀이 얼마나 좋았는지 성당 안이 후끈 달아오를 정도였다. 본당 신부님이셨던 구전회 신부님도 맨 뒤에 서신채로 감동으로 경청하시던 모습도 떠오른다. 시간 조정상 그만하시라고 쪽지를 전달하고, 누구든지 말씀을 더 듣고 싶어 했는데 다음 프로그램을 위해서 내려오셨다. 본당신부님께서도 그냥 더 하라고 하지~ 하며 아쉬워하신다.

그때부터 선생님한테 붙잡혀 20여 년을 내 조그만 차에 모시고 다니며 서울에 있는 성당은 물론 전국의 성당, 병원, 방송국, 심지어 예배당까지 안 가는 곳이 없이 모시고 다니며 봉사하였다. 지금은 그 정도까지 먼 거리를 운전할 자신이 없어서 몇 년 전부터 젊은 후계자를 키우라고 말씀드렸다. 마침 두 분 교수님이 다 은퇴를 하셔서 지금은 심 교수님이 운전을 해주고 계신다. 70이 넘은 지금도 열정적으로 강론하시는 걸 보면, 하느님의 도우심이라고 매번 느낀다.

거의 매일이다시피 어느 날은 두 곳으로, 강론을 하고 다니던 때인데 우리 본당에서도 성령 세미나를 한다고 신청을 하라고 한다. 매일 성령 세미나에 참석은 했지만, 선생님 강론만 끝나면 다른 본당으로 이동하기가 바빠 손뼉 치고 노래하는 광경은 별로 볼 수가 없었다. 망설이다가 선생님한테 의논 삼아 성령 세미나에 참석하라는데 어떻게 해야 할지 모르겠다고 했더니, "물론, 모니카는 신앙생활은 잘하고 있지만, 의무적인 기도생활이 더 많아. 우리 마음에 성령이 오시도록 쇄신해야지, 받아봐" 하신다.

그래서 결심을 했다. 더 큰 이유는 강사분들의 말씀을 들을 수 있는 좋은 기회로 알고 신청을 하였다. 그러면서 이런 생각을 하였다. 난 손 들고 손뼉 치며 노래하는 건 못하니까, 강론만 끝나면 집에 오면 되지 뭐. 그래서 맨 뒤에 앉아서 정신을 빼고 강론 말씀에 빠져 있다가도 말씀만 끝나면 슬그머니 빠져나와 집에 오곤 하였다.

몇 주를 그렇게 하며 다니고 있는데 그날도, 강론 들으러 가야지 하며 저녁을 일찍 먹고 준비하는데 웬 느닷없이 엄지발가락이 쑴먹쑴먹 쑤시며 아프기 시작한다. 별일이네. 이 발가락이 다치지도 않았는데 왜 아픈 거야? 잠시 기다리면 낫겠지 하며 발가락을 살살 주무르고 있는데, 낫기는커녕 손도 못 대게 아프다. 어머 큰일 났네. 시간은 다 돼 가는데 어떡하지? 하며 이 궁리 저 궁리 하다가 이렇게 아픈데 못 가지 하며 주저앉았다.

그런데 시간이 몇 분 안 남았는데 아니야, 그래도 가야 돼 하는 마음이 들었다. 구두는 못 신으니까 한쪽은 구두, 한쪽은 남자 슬리퍼를 발가락이 닿지 않게 살짝 걸치고 거의 깨금발로 성당까지 절뚝이며 갔다. 그날도 빠져나오기 좋게 뒤에 앉아서 열심히 듣고, 끝나자마자 나와서 부지런히 집으로 오는데 중간쯤 오다가 아니? 나, 아까는 발가락이 아파서 절뚝이며 갔는데 언제부터 안 아팠지? 하며 고개를 갸우뚱거렸지만, 언제부터 나았는지 감도 안 온다.

그다음 주였다. 그날도 일찍 성당 갈 준비를 하고 있는데 이게 무슨 일인가? 이번엔 배가 살살 아프기 시작하더니 나중엔 쥐어뜯을 듯이 아프다. 진땀까지 난다. 아휴, 오늘은 도저히 못 가겠네 할 수 없다. 다음 주에나 가야지 하며 포기하고 있는데, 시간이 다가오니 아니야. 가야 돼 하는 생각이 강하게 들어 배를 움켜쥐고 일어나 허리를 구부린 채 성당엘 갔다. 맨 뒤에 앉아서 오만상을 찡그리고, 말씀을 들었다. 그날도 강사분 말씀이 너무 좋아서 재미있게 듣고, 끝나자 살그머니 빠져나와 집을 향해 달음질치듯이 걸었다. 걷다가 생각하니 진땀까지 흘리며 배 아프던 생각이 나서 아니? 내가 아팠었는데 언제부터 안 아파졌나? 하며 생각했는데 아무리 생각해도 언제부터 안 아팠는지 기억에도 없다.

나중에 어느 자매한테 그런 말을 했더니 모니카는 훼방을 조금 받은 거야. 난 그날만 되면 가족들과 대판 싸울 일이 생기곤 했어. 심지어 아들하고도 대판 싸워서 성당에 못 갔어. 모니카는 잘 넘긴 거야 하신다. 그럼 성령 세미나에 못 가게 사탄이 방해를 했단 말인가? 그럼 내가 대처를 잘한 거였네. 아픈데도 핑계대지 않고 참석을 했으니. 고맙습니다. 하느님! 그런 거였나 봅니다. 제가 주저앉지 않고 잘 다녔지요?

안수를 받는 날이었다. 강론이 끝나고 안수식 준비를 한다. 그날은 봉사자들이 중간중간 서 있어서 빠져나올 수 있는 상황이 아니다. 어정쩡한 마음으로 안수식을 기다리고 있었다. 그런데 앞줄부터 휘장을 쳐놓은 제대 안으로 들어갔는데 조금 있으니까 그 안에서 내가 듣기에는 알아들을 수 없는 말들과 울음소리가 들린다. 나중에 알았지만, 방언과 감사의 눈물들을 흘리고 있었다. 모두 하느님의 도우심으로 성령이 임하여서 잠자던 마음에, 기쁨이 채워지는 순간들이었던 것이다.

그러나 그 당시 내 마음에는, 아이쿠 이거 큰일 났구나, 어떡하면 좋지, 난 저런 걸 감당 못하는데 어떡하나 하는 마음과 어떡하든지 안수를 받지 말고 성당에서 나가자 하는 마음만 들었다. 그래서 뒤를 돌아다보았는데 봉사자들 때문에 빠져나갈 수가 없다. 나갈 수는 없고 되도록이면 맨 나중에 들어가려고 한 칸 한 칸 뒤로 가서 앉았다. 지금 생각하니 봉사자들이 내 행동이 얼마나 우스웠을까? 하는 마음도 든다. 제대 안에서는 여전히 아우성(?) 소리가 들리고, 내 마음은 콩닥콩닥 뛰고 갈피를 못 잡고 앉은 채 기도하였는데 이런 기도만 계속하였다.

'하느님! 저는 저런 걸 감당 못합니다. 안수는 받겠으니 저한테 맞는 은사를 주소서.' 이런 기도만 계속하다가 차례가 되어 봉사자의 안내로 제대 안으로 몇 명인지 들어가, 나란히 무릎을 꿇은 채 눈을 감고 있는데, 신부님이 차례대로 안수를 주시는 것 같았다. 내 차례가 되어 신부님이 머리에 손을 얹으셨나 싶었는데, 머리를 뒤로 민다고 느껴지며 꿈꾸듯이 스르르 넘어진다. 그 순간 뒤에서 누군가가 나를 받았다. 난 봉사자가 뒤에 서 있는 줄도 몰랐다. 겁을 먹고 들어갈 때와는 달리 마음에 평화가 가득 채워졌다.

그런 후에 나의 신앙생활이 의무적인 기도 생활에서 기쁨과 감사의 마음으로 충만해졌다. 그리고 내가 받은 은사는 성경에 맛들이는 은사였는지, 어느 성경 구절을 읽든지 그 말씀들이 꿀맛처럼 달았다. 구약을 읽던지, 4복음을 읽던지, 다 살아계신 하느님의 말씀으로 다가왔다. 그 말씀들이 너무 좋아서 잠언에서건, 시편에서건, 백지에 매직으로 또박또박 써서 부엌이며 화장실에까지 몇 장씩 붙여 놓았다. 나만 알고 있는 게 너무 아깝게 느껴졌다.

어느 날 친정조카가 다니러 왔다가 화장실을 다녀오더니 "고모, 저기 화장실에 붙여 놓은 거 내가 가져가면 안 돼요? 하기에, 왜 안 돼? 또 써 붙이면 된다. 부엌에도 가봐. 그 말씀도 좋으니까 그것도 가져가." 할 정도로 하느님 말씀에 빠졌다. 그리고 냉담자들과 이야기를 나눌 때 회두 하라고 이야기를 하며 적절하게 하느님의 말씀을 인용해가며 대화를 했는데 "아니 어떻게 그렇게 성경을 잘 아세요?" 하며 신기해하였다. 내가 생각해도 그런 타당한 말씀을 예로 들며 이야기를 했는지 나도 모르겠다. 아마 나에게 주신 은사가, 성경에 맛들이는 은사여서 그런 지혜까지 주셨던 것 같다. 그런 좋은 은사를 받고 기쁘게 살다가, 다시 나태해져서 성령을 잠재우고 말았다. 받은 성령이 계속 활동하시게 해야 되는데 그러지 못하였다.

그러나 하느님! 하느님 마음 상해 드리지 않으려고 부단히 노력하며 살고 있습니다. 하느님만 몰랐다면 참지 않고 싶은 일들이 많았지만, 하느님 때문에 참았습니다. 그 결과는 참기를 잘했구나 하는 감사함이 너무나 큽니다. 아멘.

아버지가 사주신 카이런 자동차

요즘 들어 더욱더 마당에 주차되어 있는 자동차 카이런에 눈길이 간다.

평소보다 더 자동차의 상태가 깨끗해 보이고 소중해 보인다. 운전하려고 시동을 걸면 어찌 그리도 힘차게 걸리는지 폐차시켜야 되는 상황이 안타깝기만 하다.

방송에서 어떤 개그맨이 자동차와 헤어질 때 이야기를 하며 눈물까지 흘렸다는 말에 공감이 된다. 그런 상황을 맞아야 할 내 마음 같아서다. 경유를 사용하는 차라 폐차 시한이 다 되었다고 안내장도 날아오고 잔고장도 나기 시작한다.

2005년에 아버지께서 돌아가실 때이다. 그전부터 10여 년 넘게 타던 소나타가 고장이 나기 시작하고 길에서 멈추기도 하여서 난감한 상태가 되었다. 선뜻 바꿀 수 있는 상황이 아니어서 미루고 있었다. 그해에 아버지께서(시부) 점점 기력이 떨어지시더니 생로병사의 벽을 넘지 못하고 10일 만에 하늘나라로 떠나셨다.

8남매가 정성껏 장례를 치르고 난 후에 일어난 일이다. 다른 사람들이 부모님 상을 치르고 부의금 때문에 형제들 간에 이런 저런 일들이 일어나는 것을 뉴스에서 보며 '저런 일들이 일어나기도 하는구나' 생소하기만 했는데 우리 집에서도 일어나는 것을 보며 난감하기도 하고 이해가 안 되었다. 그동안 경험하기는 부모님 상을 치르고 나면 부모님을 모신 맏이가 형제들이 돌아갈 때 문상 온 친지들에게 인사하라고 봉투를 주는 사례는 많이 보았다. 그런 것을 당연하게 여겼다.

그랬는데 장례가 끝나고 나니 부의금과 아버지가 가지고 계시던 금액에 대해서 형제들이 의논이 분분한 것 같았다. 그 말을 들은 남편이 섭섭하게 생각하기에 절대로 화내지 말고 동생들이 하는 대로 두라고 하였다. 나도 섭섭하였지만, 마음을 다스렸다. 장례가 끝나고 나면 고장이 잦은 차라도 바꾸려는 마음이 있었는데 그런 기회도 주지 않고 각자의 몫을 챙겨갔다.

시골에서 몇 년을 혼자 사시던 아버지를 우리 집으로 모셔왔다. 어머니가 가신 후에 혼자 계신 것이 늘 안타까웠는데 모셔온 후에는 걱정거리 하나가 준 듯 홀가분하기까지 하였다. 이웃에 살던 둘째 시누 남편이 아버지가 게이트볼장에서 내려오시면 막걸리를 곁들여서 저녁을 대접하곤 하였다. 사위와 약속이라도 하셨는지 산에서 오실 때면 아예 딸네 집으로 가실 때가 더 많았다. 아버지가 어릴 때 돌아가셔서 장인이 아버지 같다고 늘 말했었다. 그 마음이 너무 고맙게 생각되어 마음속으로 아버지가 언제고 돌아가시면 부의금 중에서 시누 남편에게 오백만 원 정도라도 꼭 드려야지 작정하고 있었다.

의논한 결과를 말하는 막내시누에게 일단 몫들을 챙기기 전에 오백만 원은 둘째 형부에게 주라고 하였다. 다른 형제들이 싫어하면 어떻게 하느냐고 주저하기에 둘째 사위보다 더 잘했다고 생각되면 나한테 와서 따지라고 하였다. 이미 17년 전에 계획한 일이고 받지 않을지도 모르니 일단 통장으로 넣어주라고 하였다. 남편도 왜 그러는지 의아하게 생각하기에 이의를 달지 말라고 하였다. 다른 동생들도 아무도 찾아오지 않았다.

그 후에 생각지도 못한 일이 벌어졌다. 아버지가 가시고 난 지 몇 개월 동안에 내 통장에 한 달에 오, 육백만 원씩 현금이 들어왔다. 내 능력 밖의 일이어서 이해가 안 되었다. 쏘나타가 아닌 카이런으로 바꿀 정도의 금액이 쌓여간다. 주저하지 않고 카이런으로 샀다.

'소나타라도 사고 싶었는데 어쩌면 아버지 통장에 있는 것까지 몽땅 가져가나?'

동생들한테 내색은 안 했지만, 마음속으로 섭섭해하는 것을 아시고 하늘에 계신 아버지가 도와주신 것만 같다. 그렇지 않고서는 도저히 일어날 수 없는 일이다.

며칠 후면 폐차장으로 갈 카이런을 보며 이 차는 아버지가 사주셨는데, 어떻게 보낼까? 사랑하는 이와 헤어지는 것처럼 섭섭함이 밀려온다.

아버지가 계실 때에 시골에 가실 일이 있어서 모시고 가는 길이다. 나는 운전을 할 때 지난 음악 방송 테이프를 듣고 다닌다. 진행자의 부드럽고 나지막한 목소리와 선곡되는 음악이 좋아서다. 밀리는 길도 여유 있게 다니며 행복하다. 그날도 예외 없이 녹음된 아무 테이프나 하나 밀어 넣었다.

그날이 월요일이었는데, 방송에서는 '여러분 안녕하세요. 오늘 수요일, 인사드립니다.'

이런 멘트가 나온다. 뒷좌석에 앉아 가시던 아버지가 오늘이 수요일인가? 하며 의아해하셨다. 아니에요. 지난 방송을 듣고 있어요. 대답은 하였지만 좀 민망스럽다. 또 언젠가는 멀쩡한 날인데,

'지금 밖에는 시원스레 비가 내리고 있네요.'

이런 인사말이 나오자

“지금 비가 와?” 하시며 창밖을 내다보신다.

며느리가 운전하는 차 타고 다니시며 헷갈리기도 하셨다. 이제는 아버지도 가고 안 계시니 옛날 얘기로나 남은 일이 되고 말았다.

‘아버지, 그동안 카이런을 14년 동안이나 편안하게 타고 다니게 해 주셔서 감사합니다. 모두 아버지가 도와주신 덕입니다.’

조금 일찍 샀더라면 카이런도 태워드렸을 텐데 가시고 나서 샀으니 안타까울 뿐이다.

경유차라서 폐차하는 비용과 새 차로 바꾸는 보조금까지 나와서 새 차로 바꿀 때 보탬이 되었다.

하느님, 이런 모든 일들이 감사할 뿐입니다. 찬미 영광 받으소서.

2020. 5

아모르파티

얼바인에 있는 한인 성당에 갔을 때이다. 미사 시작 전에 화려한 영상과 함께 「아모르파티」 노래가 울려 퍼진다. 난 순간 의아하기도 했지만, 신부님의 말씀에 공감이 되었다. 오래전에 이민 오셔서 정착하여 살고 계신 연세가 든 교우들은 아직도 고루한 생각이 많으신지 미사시간에 웬 노래냐며 못마땅해하신다. 나는 오히려 생동감 있게 미사에 참여하였다. 더 길게 들려주시면 좋을 듯도 하였지만 잠깐 동안이어서 오히려 아쉬웠다.

노래 가사의 뜻을 이야기해 주셨다. '아모르파티'- 주어진 운명을 사랑하라. 삶의 찬가를 만들기 위해 철학의 소재를 알기 위해 만들었다. 운명을 사랑하면서 산다. 기원 200년 전에 사노 바오로의 글에 많이 있다. 중세시대의 신앙이 남아 있다. 오늘의 삶을 충족하며 산다.

강론 말씀을 다 옮기지 못해서 아쉽다.

캘리포니아 미션

프란치스코 수도회에서 수도자들을 파견하여 선교하려고 세운 성당들이 21개나 해안가를 따라 늘어서 있다. 딸이 시간이 날 때마다 미션 성당을 다닐 때면 차 안에서 강의 테이프를 들으며 다녔다. 그중에 마음에 담아둔 말씀들이다.

'자존심을 자기 에너지로 삼는 사람은 피곤하다. 교만일 수도'

'나쁜 고집은 악덕이다. 장인들의 고집은 명품을 만들어낸다.' (성실한 고집)

'사람이 죽는 것은 하느님이 불러 가는 것이 아니라 생물학적인 이유로 죽는 것이다.'

'양심은 하느님의 소리이다. 하느님의 소리에 귀를 기울여야 한다.'

'신비란 그렇게 드러나서 그렇게 되어지는 것'

미션 성당 중의 한 곳인 샌 후안 카피스트라노 성당에 갔을 때이다. 기념품 중에 제비를 상징으로 만든 것들이 많이 보인다. 매년 3월 19일, 요셉 성인의 축일이 되면 어김없이 제비들이 날아와서 살다가 가을이면 떠난다고 한다. 제비들이 살기 좋은 기후라고는 하지만 신비롭게 느껴졌다. 내가 갔을 때는 1월이었기 때문에 제비는 만나지 못했다.

4월이면 어김없이 찾아와 두 배나 다섯 마리씩 새끼를 키우고 가을이면 온 가족을 데리고 강남으로 떠나는 우리 집 제비들이나 만나야지 하는 기대를 하며 돌아왔다.

태양의 찬가

오 감미로워라 가난한 내 맘에
한없이 샘솟는 정결한 사랑
오, 감미로워라 나 외롭지 않고
온 세상 만물 향기와 빛으로
피조물의 기쁨 찬미하는 여기
지극히 작은 이 몸 있음을
오, 아름다워라 어머니신 땅과 과일과 꽃들, 바람과 불
갖가지 생명 적시는 물결, 이 모든 신비가 주 찬미 찬미로
사랑의 내 주님을 노래 부른다.

캘리포니아 미션 성당을 방문할 때면 예외 없이 프란치스코 성인의 동상을 만나게 된다.

성인의 어깨와 손에는 새들이 날아와 앉아 있는 모습을 보게 된다. 생전에 자연을 노래하고 새들과 꽃들을 사랑하여서 새들과도 대화하였다고 한다. 너무도 자연스러운 모습들을 보며 자연을 얼마나 사랑하셨는지 많이 느껴졌다.

임종 때에 시편 141장을 노래하며 선종하셨다고 한다.

시편 141: 1~10

1. 주님, 당신께 부르짖으니 어서 저에게 오소서.
제가 당신께 부르짖을 때 제 소리에 귀를 기울이소서.
2. 저의 기도 당신 면전의 분향으로 여기시고
저의 손, 들어올리니 저녁 제물로 여겨 주소서.
3. 주님, 제 입술에 파수꾼을 세우시고 제 입술의 문을 지켜주소서.
4. 제 마음이 악한 일에 기울어 나쁜 짓 하는 사내들과 함께 불의한 행동을 하지 않게 하소서. 저들의 진미를 즐기지 않으오리다.
5. 의인이 자애로 저를 때려도 저를 벌해도 좋습니다.
그것은 머릿기름, 제 머리가 마다하지 않으오리다.
저들의 악행을 거슬러 저는 늘 기도드립니다.
6. 저들이 심판자들의 손에 떨어지면
제 말이 얼마나 좋은지 들어 알리이다.
7. 누가 밭을 갈아 땅을 파헤쳤을 때처럼 저들의 뼈가 저승 어귀에 흩어지리이다.
8. 정녕 주 하느님, 제 눈이 당신을 향합니다.
제가 당신께 피신합니다. 제 영혼을 쏟아버리지 마소서.
9. 저들이 쳐놓은 덫에서, 나쁜 짓 하는 자들의 올가미에서 저를 지키소서.
10. 제가 탈 없이 지나가는 동안 악인들은 자기들이 파 놓은

함정에 빠지게 하소서.

1181년에 태어나서 1226년에 돌아가셨으니 45년 동안 이 세상에 머물다 가셨다. 100세까지 사는 요즘의 잣대로 볼 때에 너무 아쉽다는 생각이 들지만, 그 짧은 기간에 하느님과 사람들과 자연을 맘껏 사랑하고 가셨으니 천국에서 영원한 생명 누리시리라.

성인의 손끝과 어깨 위에 새가 자연스럽게 앉아 있던 모습이 아직도 눈에 선하다.

너무 인상적이고 은혜로웠기에 느낌대로 적어 함께 나누고 싶었다.

아프면 병원에 가야지

서진이를 데리러 역삼동에 갔다. 손자를 차에 태우고 돌아오는데 골목을 나와서 큰길에 접어들자, 뒷좌석에 앉아 있던 서진이가 느닷없이 "할머니! 나 영원히 안암동에서 살면 안 돼요?" 한다.

영원이란 단어를 사용하는 게 신기해서 "아니 왜?" "그냥요. 안암동에서 그냥 살고 싶어요." 한다. 대답을 잘해야 될 것 같아서, "그래도 되지만 유치원이랑 또 내년에 초등학교 다녀야 하는데, 그건 어떡하고? 유치원도 옮기고 학교도 안암동에서 다닐 거야?" 하고 물었더니 "그건 안 되겠는데요." 한다. 내가 웃으면서 "너 안암동에 오면 만화영화도 많이 보고 윷놀이하면서 놀고 싶어서 그러지? 안암동에서 살면 역삼동에 있을 때처럼 만화영화도 많이 못 보고 놀지도 못해. 지금처럼 숙제도 해야 되고 다른 공부도 많이 해야 돼, 그런 것 안 하고 놀기만 하면 학교 가서 꼴찌 할지도 몰라. 그러면 이 세상에서 쓸모없는 사람이 될 텐데." 그랬더니 가만히 듣고 있다.

예고도 없이 간 일이라, "그런데 오늘 할머니가 너 데리러 온 거는 잘한 일이야? 못한 일이야?" 하고 물었더니 큰소리로 "잘한 일이지요." 한다.

언젠가도 안암동에 와서 있을 때인데 숙제를 하다가, "할머니! 나 힘들어요." 하기에 "뭐가 힘들어? 이렇게 숙제하고 공부하는 거 때문에? 그런데 너는 힘이 안 드는 거야. 너는 숙제하는 문제들이 쉬운지 연필만 잡으면 금방 끝내잖아. 할머니는 옛날에 숙제할 때 너무 어려워서 얼마나 힘이 들었다고, 누가 가르쳐 주지도 않았어. 그런데 너는 다 아는 문제들이라 금방 하는데 뭐 서진이 최고야." 하고 다독여주었다. 그래도 안쓰럽기는 하다. 그 어린 나이에 영어며 한자 공부며 하는 걸 보면 어깨가 무거워 보인다. 내가 자랄 때는 공부는 뒷전이고 열심히 놀던 생각이 나서 요즘 아이들이 불쌍해진다.

지난주에 또 데리러 갔을 때이다. 강남대로를 달리는데 이 건물 저 건물 다 보며 오다가 차병원 앞쯤 오니까 "할머니! 저기 차병원 보인다! 저기가 서진이 태어난 병원이에요." 한다. 그 병원 앞을 지날 때마다 말했었다. "나도 알아. 너 태어날 때 할머니도 병원에 와서 기도하며 너를 기다리고 있었잖아. 할머니가 옛날에는 아빠랑 고모 때문에 행복했었는데, 이젠 서진이 때문에 또 행복한 마음이 자꾸만 드네." 하니까 저도 기분이 좋은지 싱긋이 웃는다.

기쁨을 주던 아이들이 커서는 기대에 부응하지 못한다. 그런데 그 기대라는 게 부모의 욕심일 뿐이다. 물질에 초점을 둘 때가 있는 것 같아서다. 하지만 자랄 때 총명하고 슬기로운 모습을 보여준 것만으로도 이미 효도를 다 받았다.

한자 쓰기 숙제를 하는데 옆에서 보니까 百(백) 千(천) 億(억) 자를 쓰고 있다. 내가 億(억) 자를 가리키며 이 글자는 어떻게 쓰는 게 맞는 거야? 했더니 "할머니, 이 글자는요. 사람 인 변에 소리 음에 마음 심 자를 쓰면 돼요." 하는데 속으로 놀랐다. 그리고 정확하게 획을 긋고 쓴다.

이따금 "할머니! 나는 한자 128자 쓸 줄 알고요. 역삼동 할아버지는 3000자를 아신대요. 할머니는 몇 자 알아요?" 하고 내 실력을 떠보는 듯할 때가 있다. '아유 요 건방진 게 ㅎㅎ' 할머니도 1000자는 알지. 하고 대답은 하였지만, 그동안 잊어버린 것도 있을 것 같아서 다시 복습해 놓아야 될 것 같다. 손자한테 망신당하지 않으려면 이 세상에 아이들이 없으면 무슨 재미가 있으며 또 무슨 희망이 있을까.

그런데 서진이 때문에 걱정이 하나 있다. 외갓집에서 살다시

피 하다 보니 아직 주의 기도도 못 외우고 있다. 그래서 작년인가 서진이한테 하소연처럼 한 말이 있다. "서진아, 어떡하면 좋으냐. 아직 주의 기도도 할 줄 모르니, 영어나 한문을 잘하는 것도 좋은 일이지만 주일학교도 다니고 해야 되는데. 아빠와 고모는 애기 때부터 기도할 때면 꼭 옆에 앉아서 같이 기도했어." 영어와 한자 공부, 잘 시켜주시는 외할아버지는 아예 외인이시고, 외할머니는 무릎이 아파 성당에도 못 다니시고, 엄마, 아빠는 주말에나 만나고 나름대로 바빠서 못 챙기고.

그래도 안암동에 오면 성호경, 주의 기도, 성모송은 잘 따라한다. 언젠가는 역삼동에 가면서 주의 기도랑 적어 달래서 가지고 가기는 했지만, 아직 어리다 보니 챙겨서 하지를 못하는 것 같다. 어려서부터 신앙심도 심어주어야 하는데 그러지를 못해서 걱정이다. 에미가 잘 보살펴서 데리고 다녀야 하는데 무슨 일인지 저마저 쉬는 자가 되었으니 나만 애가 탄다. 손자를 만날 적마다 행복한데, 서진이가 조물주 하느님을 알아갈 수 있도록 가르치기를, 에미한테 다시 당부해야겠다.

어제 서진이가 오랜만에 왔다. 새벽에 기도를 하고 있는데 꼼지락거리며 일어나려고 하기에 서진아, 얼른 일어나서 쉬하고 와서 할머니랑 경원이형 위해서 기도하자. 쉬~ 하고 와서 옆에 앉기에 할머니가 하는 대로 따라서 하라며 내가 먼저 시작했다.

예수의 수난을 보시고~
예수의 수난을 보시고~
저희와 라파엘과~
저희와 라파엘과~
율리아와~
율리아와~
온 세상에 자비를 베푸소서~
온 세상에 자비를 베푸소서~

1단 묵주 알 10번만 따라서 하게 하고 4단은 나 혼자서 크게 하였다. 작은 소리로 기도하면 누운 채로 할머니! 큰 소리로 기도하세요. 하여서 속으로 하다가도 크게 하게 된다. 너무 길면 지루해할까 봐 1단만 같이 했는데, 아주 또박또박 잘 따라 하였다. 서진아, 율리아는 2살 먹은 애기인데 많이 아프대. 그래서 기도해 주는 거야. 절두산 가서 촛불 켜고 기도하다 만난 할머닌데, 율리아 할머니도 라파엘 위해서 기도하신다고 했어.

할머니, 고모네 가고 싶다. 경원이형 보러 갈래요. 하는 것을 너무나 마른 모습을 보면 혹시라도 놀라는 마음이 들까봐, 다음에 오면 가자고 달랬다. 자비의 예수님, 저희가 일일이 말을 안 해도, 저희의 처지를 잘 알고 계신 예수님, 이제 경원이가 자리에서 일어날 수 있도록 자비를 베풀어 주소서. 살이 붙고 뼈가 튼튼해져서 스스로 일어날 수 있도록 도우소서. 성모님, 어머님의 전구로 하느님의 자비를 간구합니다.

서진이가 다섯 살 때 경원이가 떠났다. 경원이가 떠난 뒤 며느리가 “서진아, 경원이형이 많이 아파서 하늘나라에 갔단다. 할머니가 많이 힘드실 텐데 전화해드리자”고 하니까 “아프면 병원에 가야지, 하늘나라에 왜 가? 하늘나라 가는 게 돌아갔다는 얘기잖아? 다시 오라고 해 경원이형” 하며, 왜 자꾸 하늘나라 갔다고 하는 거야? 하면서 저도 슬픈지 병원에 가게 빨리 다시 오라고 해. 하였다는 말을 듣고 또 한번 눈물을 쏟았다.

2008. 12

준주성범 중에서

하느님께서 하시는 일을
우리가 다 알아듣지는 못한다.
다만 믿고 따를 뿐이다.

언제나 자만을 피하는
겸손함이 필요하다.

걱정 없이 사는 법을
배워야 한다.

미리 분수없이 걱정한다고
일이 더 잘 되는 것은 아니다.

허무지경에 기울어지기 쉬운 때라도

하느님께 기도드리는 것을
거르지 말아야 한다.

관계없는 남의 말에 흔들리지 말고
하느님 언제나 바르게 판단해 주실 것만
믿고 살 것이다.

스승이셨던 윤을수 신부님이 번역하신 책인데 신학교시절 소등시간이면 불을 다 꺼야 되어서 이불 속에서 몰래 번역하셨다고 한다.

미사 시간이면 이 준주성범에 있는 글들을 가지고 묵상을 시켜 주셨기에 각박한 삶 중에서도 허튼 길로 가지 않고 잘 살아내고 있음에

감사할 뿐이다.

하느님! 항상 감사드릴 뿐입니다. 세세대대로 찬미 영광 받으소서.

천국에서 가교 역할을 하시다니

사촌 오빠들 8명 중에 제일 큰오빠를 위해 전대사기도를 해드렸는데도 꿈에 보이신다. 다시 기도를 해드려야지 하며 며칠이 지났다. 또 꿈에 보이신다. 이번에는 올케언니까지 근심 가득한 모습으로 보이셔서 빨리 기도해야 되겠구나 생각하였다.

올케언니는 모든 것을 하느님께 의탁하며 사셨던 신심이 깊은 분이셨다. 묵주신공을 할 때면 쏟아지는 잠 때문에 기도 시간 절반은 목이 끄덕이신다. 성모님은 그런 기도도 어여삐 여기신다고 하였다. 나는 올케언니가 집안 식구들, 남편 흉은 물론 아들 다섯 형제와 며느리들에 대해서도 흉보는 것을 한 번도 못 들었다. 그런 점이 늘 존경스러워서 “언니는 며느리들이 마음에 안 들 때도 많을 텐데 통 흉을 안 보시네요?” 여쭤보면 “다 그렇지 뭐.” 하며 웃곤 하셨다.

어느 날인지 안성언니와 나에게 두 분 애기씨들한테 부탁이 있다며 애기씨들은 믿음이 좋으니 내가 죽으면 꼭 기도해 달라며 부탁을 하신다. 건강이 안 좋아서 늘 힘들어하셨다. 그래서 마음에 담아 두었었다. 자기 자식들은 열심히 하지 않아서 부탁한다고 하셨다.

두 분이 해외 근무를 마치고 귀국할 날을 며칠 앞두고 하늘나라로 가버린 손자 기도를 해주고 싶어서 두 번씩이나 꿈에 보이셨나? 하는 생각이 들었다. 며칠 후면 만날 어린 아들 생면도 못하고 불의의 사고로 가버린 손자 기도해 달라는 메시지로 받아들였다. 여기에 생각이 미치자 지체하지 않고 공주에 있는 황새바위 순교자성지로 달려갔다.

'오빠, 언니, 천국에서 사랑하는 손자를 만나고 계시겠지요. 저희를 위해서도 기도해 주세요. 자비의 하느님! 이렇게 기도할 수 있는 마음을 주시니 감사합니다. 하느님의 뜻 안에서 감사와 찬미를 영원무궁토록 받으소서. 아멘!'

비티아(Catharina)

하느님의 섭리로 연옥에 있는 영혼이 생존자의 기도를 청하기 위하여 사람에게 나타난다는 것은 믿어도 좋습니다. 죽은 이를 위하여 기도하는 것이 살아 있는 이를 위하여 기도하는 것보다 하느님 마음에 듭니다. 죽은 이는 자신을 위하여 아무것도 할 수 없기 때문에 이를 구하는 일은 대단히 필요합니다.

▸ **성 토마스**

하느님 아버지께서는 연령들을 가족들에게 미사나 기도를 요청하라고 보낸다고 하시더군요. '갑자기 꿈에 나타나거나, 생각이 문득 문득 나거나 한다지요. 기도 중에도 떠오르구요.'

그럴 땐 그 영혼을 위해서 연미사를 봉헌 드리면서 함께 기도를 드려주어야 한다고 하더군요.

그럼에도 가족들이 모르고 그냥 지나칠 때는 생전에 알던 지인이나 친척 중에서 연령을 위해서 꾸준히 기도하는 사람들에게 보낸다고 합니다. 연령을 위해서 기도하는 몫을 받은 분들은 금세 알아차리거든요. 달희님처럼.

좋은 몫을 받고 계신 님. 외손주 박경원 라파엘의 영혼은 외할머니 기도의 은덕으로 천국에서 열심히 뛰어놀고 있을 거랍니다. 힘내시고, 열심히 기도하세요. 그러다 보면 아버지께서 경원 라파엘 천사와 소통의 장도 열어주시겠지요.

좋은 신앙체험의 글 나눠 주심 감사합니다.

배티 순교자성지 카페회원이신 분이 내 글을 읽고 댓글을 올려주셨다.

'얼굴도 뵌 적이 없는 분이시다. 이 자매님의 글로 나는 모르고 있었던 전대사에 대해서 더 잘 알게 되었다. 감사함이 크다.'

2021. 7. 22.

2년 전에 돌아가신 큰언니 꿈을 꾸었다. 어찌나 좋은 꿈인지 오늘 무슨 좋은 일이 있을 것만 같았다. 정말 세 가지나 기쁜 일이 생겼다.

원주에 사는 조카딸과 통화를 했다. 새벽녘 꿈에 엄마를 만났는데 느낌이 너무 좋았는데 세 가지나 좋은 일이 생겼다고 했다. 그중에 80년대에 독자의 행복을 만끽하며 읽었던 『아버지의 보석』이란 수필집을 쓰신 작가님과 다시 연락이 되어 그분의 주옥같은 책을 두 권이나 받게 되어서 얼마나 좋은지 읽기도 전에 독자의 행복을 미리 누리고 있다고 하였다. 역시 꿈이 좋더니 이런 기쁜 일이, 이보다 더 좋은 꿈이 어디 있겠니.

그런데 조카딸은 2004년에 돌아가신 둘째 이모 꿈을 꾸었다며 꿈 이야기를 한다. 이모는 전혀 만난 적도 없는 자기가 알고 있던 5층 아줌마라 부르던 분과 예쁘게 차리고 하늘나라 간다고 손잡고 올라가더란다. 너무 이해가 안 되어서 오래전에 인천에 살 때 알던 분이라 수소문을 해서 잘 계신지 알아보니 이미 몇 년 전에 돌아가셨다는 이야기를 듣고 놀라움을 금치 못했다고 하였다.

그 5층 아주머니가 연옥에서 모든 잠벌을 다 씻고 천국에 가셨나 보다. 이모와 같이 나타나서 기도해 달라는 것처럼 느껴진다. 네 꿈을 통해서 이루어져서 감사하다. 하지만 너는 연옥도 안 믿는 교회 신자이니 내가 기도해 드리마.

신심이 좋은 가정으로 시집을 가더니 조카도 열심히 살고 있다. 특히 시어머니와 친정엄마를 잘 보살펴 드리며 살았다.

그런데 예쁘게 차리고 5층 아줌마와 같이 하늘나라 간다는 이모 꿈을 꾸어서인지 연옥을 부정하지는 않는 것 같다. "이모! 우리 엄마 기도도 해주셨어요? 한다. 그걸 말이라고, 마침 전대사 기간이어서 장례 모시고 와서 곧바로 나바위 성지에 가서 전대사기도 해드렸지. 이모부도 처형님 기도해 드리고 싶다고 하면서 또 기도해 드렸다. 다시 받으신 전대사기도는 기도가 필요한 불쌍한 영혼에게 양도해 드린다고 하는데 그분이 5층 아줌마 영혼이셨나 보다.

하느님께 감사!

어제는 서울 친구가 전화를 했다. 심장 수술을 두 번이나 하고 살면서 모든 것을 다 하느님께 맡기며 사는 친구이다. 오래전에 우리 큰형부가 낙상을 해서 3일 만에 돌아가실 때 대세를 드리려고 그 친구와 같이 갔다. 내가 오기만을 고대하셨다더니 바오로란 세례명으로 대세를 드리자 곧 운명하셨다. 돌아가신 얼굴 모습이 어린아이처럼 깨끗했다. 요안나 친구가 돌아가신 모습이 이렇게 깨끗하신 분은 처음 보았다며 잘 살다 가신 것 같다고 한다. 평생 가장 노릇을 안 하셨다고 생각했기 때문에 인간적으로는 이해하기가 힘들었지만, 하느님이 보시는 관점은 다르신 것 같았다. 그때 만났던 연유로 우리 큰언니를 알고 있었다.

친구 꿈에 우리 언니가 마리아란 분과 자기 집에 왔다. 그런데 우리 언니는 그분을 만난 적도 없다고 한다. 하도 이상해서 그분을 찾아보려고 여러 곳에 알아보았지만 찾을 수가 없다고 하였다. 오래전에 헤어질 때 어디 조용한 벽지에 가서 공소라도 지어서 주일미사도 못하는 교우들을 돌보며 살고 싶다고 하였다는데 그 후로는 소식이 끊겼다고 한다. 아무래도 돌아가신 것 같다며 두 분이 하늘나라에 가셨나 보다며 좋아한다. 하지만 마리아 자매도 기도를 해드려야 될 것 같아서 지상에 있는 신앙 후손으로서 전대사 기도를 해드렸다.

우리 두 분 언니, 서정희 안나, 서옥희 막달레나가 연옥 영혼들을 구원하는 일에 가교 역할을 하시는 것 같아서 기쁘고도 기쁘다. 신앙의 신비일 뿐이다.

하느님 아버지! 감사합니다. 영원무궁토록 찬미 영광 받으소서. 아멘!

2021. 7.

영원한 인사법이다 나에게는

지난 골프경기를 티비에서 보여주고 있다. 인천 송도 잭니클라우스 골프 클럽에서 열린 국가대항전에서 대한민국이 우승을 하였다. 경기가 끝나고 선수들 간에 서로 포옹하며 인사를 하느라고 바쁘다.

유소연, 전인지, 박성현, 김인경 4명의 선수가 팀워크로 이뤄낸 결과로 보인다. 2018년도 경기였다. 이런 과정에서 캐디들하고 인사를 하는데 남자 캐디들과도 포옹하며 인사를 하는 게 은근히 부담을 갖게 된다. 시간도 많이 허비하고 있다. 그냥 악수 정도로 하면 안 될는지….

90년대에 미국에 갈 때이다. 긴 비행 끝에 목적지에 도착하여 트랩에서 내리니 마중 나온 외국 신부님이 반가워하며 양팔을 벌려서 안으려고 하시는데 난 그만 옆으로 몸을 틀어 비켜섰다.

신부님이 웃으며 악수를 하셨다. 같이 가셨던 교수님이 "모니카! 서양 사람들이 하는 인사법이야, 그냥 하면 되는데" 하며 웃으신다. 하긴 어느 나라에서는 양볼을 대며 인사를 하는 장면들도 보았다. 그래도 나는 동양인, 그중에서도 예의범절이 뛰어난 아침의 나라 조선, 아니 대한민국의 품위 있는 사람이기 때문에 공감이 안 된다.

그러다가 2019년, 얼바인에 사는 딸네 집에 갔을 때이다. 딸의 지인들을 만날 때면 공손히 머리 숙여 인사하는 게 아니라 팔을 벌려 안는다. 역시나 어색해서 뒤로 물러서게 된다. 딸의 친구가 "어머니! 그냥 자연스럽게 포옹하시면 되는데" 하며 웃는다. 포옹하는 것은 역시 어색하다. 그냥 두 손을 마주 잡으며 하는 악수가 편할 뿐이다.

포옹은 손자들과의 인사법이다. 할머니를 보는 순간 달려와서 안기는 영원한 인사법이다. 나에게는

3

나는 복이 많은 사람

개울가에 소리쟁이도 너울거리고

춘분 추위를 하는지 아침 기온이 영하 2도라는 예보가 있다. 그래도 10시경이 되니 날씨가 따뜻해진다. 작년에 토마토를 심었던 화분에, 파를 심어서 안에다 들여놓았었다. 파 사이로 실나락 같은 싹이 튼다. 무얼까 궁금했다. 한 뼘쯤 자라도록 무슨 싹인지 가늠을 할 수가 없었는데 살짝 건드려 보니 어쩌면, 그 가녀린 줄기에서 토마토 향이 풍긴다. 화분을 밖에 내놓고 성북천에 갔다. 어제도 햇빛을 쏘여줬더니 색이 짙어지고 줄기도 조금 튼튼해졌다. 식물마다 자기의 향을 내는 것들을 보며 창조의 신비에 감탄을 한다. 또한, 그 향에 취해서 좋은 글을 읽을 때처럼 행복하였다.

오이를 딸 때면 상큼한 오이 향 때문에 먼저 기쁘고, 생강밭에 가서 잎새를 살짝만 건드려도 그 향이 코끝에 날아와 한참을 머무르게 한다. 언젠가 넘어지는 바람에 두어 달을 거동을 못하고 누워 있을 때이다. 지인이 생강 잎을 다발로 가져다주어서 머리맡에 놓아두고, 그 향내를 맡으며 심신이 치유되었었다. 모든 식물들이 자기의 고유한 향으로 우리를 반기니 일상이 감사하다. 어성초라는 식물은 비린내를 풍겨서 옆에 갈 수가 없다. 벌레들을 쫓아준다기에 심었는데, 옆에만 가면 내가 먼저 질려서 골치가 아프다. 사람들은 식물보다 더 아름다운 향내를 풍기면 좋겠다.

마종기 시인의 이 시가 생각난다.

새해를 맞으며

내 혀에 풀잎을 채우려고 애쓸 일입니다.
입술로 짓는 죄, 혀로 저지르는 폭력을 멀리하고
내 몸에 향내를 채울 일입니다.
그리하여 말할 때마다 다른 사람들과 스쳐 지날 때마다.
풀잎의 싱그러운 초록 생명 내음만
환하게 퍼져 나가기를 바랍니다.

감사하게도 내 옆에는 이런 향내를 내는 분들이 있어서 만날 때마다 행복하다. 이분들 생각만 하면 세상이 아름다워 보인다.

사람들 틈에 끼여 부지런히 걷고 있는데, 햇살 퍼진 양지에

쑥이며 냉이며 씀바귀가 뾰족뾰족 고개를 내밀고 있다. 각종 꽃들이 피었던, 흙이 있는 공간이다. 아주 길게 조성이 된 곳이다. 그 어린싹들을 칼을 들이대고 도려내는 손이 있다. 아직은 너무 어려서 도려내면 안 되는데 뽑을 수도 없는 싹을 칼로 도려내는, 그 여자가 너무하다는 생각이 들어서 한마디 내던지고 말았다.

"좀 더 자라면 뽑아 가시지, 이제 막 고개 내미는 걸 도려냅니까?"

"내가 먹을 건데 그러면 어때요?" 한다. 그것도 대답이라고… 한 대 쥐어박고 싶다는 생각이 들었다. 이 여자는 그 나물 먹으며 맛이나 느낄까? 속으로만 중얼거리며 걸을 수밖에, 도처에 황당한 일들이 어디 한둘인가. 봄만 되면 대절버스를 타고 와서 온 산을 나물 캐가느라고 벌거숭이처럼 만들어 놓는 사람들이 많다는 얘기도 들었다. 견디다 못해 현지 주민들이 막는다고 한다. 내 상식으로는 생각도 못할 일이다.

개울가에 너울거리는 잎새가, 어려서 먹었던 소리쟁이 같다. 반가운 마음에 잎새들을 따고 있는데, 할머니 두 분이 옛날을 회상하시는지 물끄러미 보고 있다. 그래서 이게 소리쟁이가 맞는지 물었다. "맞아요. 그걸로 국을 끓이면 미역국처럼 맛이 있어요."라고 한다. 긴가민가하면서 땄는데 정확하게 맛까지 알려줘서, 한 끼 먹을 것을 따다가 된장국을 끓였다. 어린 날 친정에서 온 가족이 둘러앉아서 소리쟁이국을 먹던 때가 주마등처럼 지나간다. 그런데 이젠, 엄마도 안 계시니 새삼 보고 싶다는 마음만 밀려온다. 평생 농사짓는 틈틈이 채송화와 국화를 가꾸시며 풀꽃 같은 향내로 우리들을 행복하게 해주셨는데, 천국에나 가야 만날 수 있으니 잘 살다 가야지 엄마를 만나려면.

이 글을 쓴 날짜를 보니 부여로 이사 오던 해에 적은 글이다. 이따금 개울가를 거닐던 일들이 그리워진다.

2012. 3. 20.

나는 복이 많은 사람

나에게는 나를 행복하고 복이 많은 사람이라고 자긍심을 갖게 해 주는 애독자가 계시다. 그 독자분을 생각하면 급한 성격을 누르고 마음이 따뜻해지는 글을 써야지 하며 마음을 다스리게 된다.

2016, 『모니카의 낙서장』이 출간되었다. 그해 연말에 사비문학 모임 중에 『모니카의 낙서장』 출판기념식도 함께 열어주었다. 사비문학 회원이 된 지 얼마 되지도 않은 시점인데 다른 시인분과 함께 출판기념까지 열어 주어서 너무 감사하였다. 실은 얼떨결에 참석한 기념식 자리였다. 아직 그런 행사에 참여한 적이 없어서 사례도 못하고 말았다. 사비문학 발전 기금을 성의껏 내었어야 도리에 맞는 일이었다.

꽃다발을 한아름 안고 기쁜 마음으로 집에 돌아왔다. 그 밤에 모르는 번호로 메시지가 들어왔다. 수필집에 있는 전화번호를 보고 독후감을 보내주셨구나 하는 생각이 들었다. 지금에서야 그 글을 간수하지 못한 것이 아쉽다. 며칠 후에 블로그 글 밑에 댓글을 달아주셨다.

'지난해 지인 몇 분의 초청으로 참석한 사비문학회 송년회에서 무심결에 받아온 책 중에서 오늘 읽은 서 작가님의 글이 제 마음을 젖게 하였습니다. 살면서 느끼는 아름다운 생각을 이렇게 표현할 수도 있는 분이 멀지 않은 곳에 사신다는 사실에 제가 부여로 귀촌하길 잘했구나, 생각하였습니다. 성당에 다니지는 않지만 진한 설교를 들은 것 같아서 마음이 행복합니다.'

그 후에도 좋은 글들이 카톡으로 계속 들어와서 고맙다는 말과 함께 일일이 답글을 보내지 못하더라도 양해해 달라고 하였다. 그분은 식장에서 나를 보았지만 나는 그분이 누구인지도 모른다. 행사에 참석했던 분 중의 한 분이겠지 생각만 하였다. 어려서부터 자라온 환경이 일면식도 없는 사람한테 오는 문자에 일일이 답장까지 보내는 것은 내 경우에는 거리가 있는 행동이었기 때문이다.

하루는 마음에 담아두고 싶은 서정적인 글이 왔다. 글이 얼마나 마음에 드는지 그분에 대해서 궁금증이 생겼다. 너무나 정성어린 글들이 그분의 인격이 보이는 것 같았다. 남자분인가 했는데 보내져 온 글을 보고 여자분인가 싶었다.

그래서 물었다. 좋은 글을 보내주셔서 감사합니다. 그런데 선생님은 남자분이세요? 여자분이세요? 하고, 답문이 왔다. 제 이름을 검색하면 잘생긴 의사분이 보이실 겁니다. 그분 옆에 또 한 사람의 동명이인이 저입니다. 얼른 검색하니 의사분보다 더 멋있는 분이 보여서 공연히 기분이 좋았다. 전직 교장을 지내신 남자분이셨다. 그동안 그냥 몇 번 카톡 문자를 보내다가 말겠지 하고 대수롭잖게 대해 드린 것이 큰 실례라는 생각이 들었다.

그후에도 나는 만나볼 수도 없는 글들이 계속 들어왔다. 그분께 대한 내 마음가짐이 너무 무례한 것 같았다. 그래서 정중하게 문자를 보냈다. 만나서 식사라도 하며 이야기를 나누고 싶다고 하였더니 약속 날짜를 보내주셨다.

일 년 중 가장 아름다운 계절 오월이 되어서야 약속이 되었다. '혼자 나오시지 말고 사모님과 같이 오세요.' 부탁드렸다.

두 분이 같이 나오셔서 카톡으로 친해진 독자분을 만나는 영광을 가지게 되었다.

한결같다는 말을 이런 때 쓰는 말인 듯하다. 어쩌면 그렇게도 한결같이 좋은 글을 보내주시는지 내가 복이 많은 사람이구나, 스스로 느끼게 해 주시는 분이다.

10여 년 전 딸이 미국으로 가면서 흩어져 있던 내 글들을 모아 놓은 블로그를 만들어 주고 떠났다. 특히 제기동 성당 게시판에 1년 동안 눈물로 올리던 글들이 없어지기라도 되는 것처럼 걱정하였더니 만들어 주었다. 하늘나라에 있는 '어린 천사 라파엘' 에 대한 기도 같은 글들이 지금도 축복처럼 다가온다. 1년을 한결같이 기도해 주시던 지인께서 라파엘이 이 가정에 수호천사가 되었다고 격려해 주신 것처럼 라파엘 천사가 엄마 아빠를 위해 기도해 주는 것 같다. 우리 모두를 위해서도, 지금도 깊은 한숨이 토해지도록 라파엘이 보고 싶지만 그래도 요즘은 생각날 때면 블로그에 있는 라파엘에 대한 글을 읽어본다. 천국에 있는 라파엘을 그리며,

하루는 억울한 누명을 쓴 채 영어의 몸으로 고생하고 있는 분을 위해서 기도처럼 매일 적고 있는 시편 글들을 가족들이 있는 카톡방에서라도 함께 읽으며 기도하자고 부탁하고 싶은데 옮길 줄을 몰랐다. 혹시나 해서 그 독자분께 부탁하였다. 혹시 제 블로그 글을 카톡으로 보내 주실 수 있는지 문자를 보냈다. 그야말로 빛의 속도로 들어왔다. 새벽이었는데 그 시간에 내 블로그에 계셨던 것 같았다. 나는 정말 복이 많은 사람이라고 스스로 자긍심을 갖게 된다. 제대로 된 글들도 없는데 새벽부터 방문해 주시니 부끄럽기만 하다. 덕분에 시편 기도를 카톡에서 공유할 수가 있어서 같이 기도가 된다.

잠이 안 올 때면 새벽에 일어나 블로그에 시편 기도를 올리는데 그 꼭두새벽에도 누군가 들어온 흔적이 있다. 혹시 그분이 아닐까 싶어 행복한 하루 보내시길 기도하게 된다. 언제고 '참 잘 쓴 글이다.' 하는 수필을 단 한 편만이라도 써서 내 독자분께 읽게 해드리고 싶다. 내가 좋은 글을 읽을 때 행복한 것처럼 그분도 내 수필로 인해서 행복해지시길 간절히 바라게 된다.

코비드19가 끝나면 내외분 모시고 창문이 넓은 곳에서 이 세상 살아가는 이야기들을 나누고 싶다. 긴 세월을 살았지만, 어제인 듯 지나간 시간들을 갈무리하는 담소라도 나누고 싶다. 두 분 건강하셔서 좋은 글이 나오는 날까지 나의 독자가 되어주시길 늘 기도하게 된다.

2020. 8

한반도 평화를 위한 기도

한국전쟁 발발 70주년이 되는 해인 2020년을 맞이하여, 2019년 12월 1일 대림 시기부터 2020년 11월 28일까지 '한반도 평화를 위한 밤 9시 주모경 바치기, 기도운동을 하기로 하였습니다. 교구 여러분의 많은 참여 바랍니다.

이런 알림 글을 읽고 잊지 않으려고 메모까지 해놓았지만
초저녁잠이 많은 탓에 정해진 시간에는 못하고
9시 전 저녁기도 할 때에 미리 바치고 있다.

2019. 12. 1

무슨 일인지 김정은이 죽었다느니, 뇌사상태니 하며 매일, 매시간 확인되지도 않은 거짓 뉴스가 난무한다. 악담까지 하며 난타전같이 유튜버들이 쏟아내는 말들을 들으며 유튜브를 모두 차단하였다.

박근혜 대통령을 탄핵할 때처럼 검증되지도 않은 말들을 쏟아내고 있다.

새벽에 시편을 적으려고 컴퓨터를 여니 김정은에 대한 속보가 떴다. 오랫동안 모습을 보이지 않던 김정은이 건강한 모습으로 비료공장 준공식에 참석하였다는 뉴스이다. 감사한 생각이 들었다. 많은 이가 바라는 대로 남북한만이라도 서로 오가며 평화롭게 지낼 수 있기를 염원해 본다. 악담석인 말들 대신에 기도하며 평화를 염원한다면 얼마나 좋을까?

김일성 할아버지! 못 이루고 가신 통일을 손자 시대에 이룰 수 있도록 다독여 주세요.

민족의 화해와 일치를 위한 기도

사람을 당신의 모습대로 지어내신 주님,
저희가 모두 주님을 닮게 하소서.
사랑으로 하나 되신 주님처럼
저희가 서로 사랑하여 하나 되게 하소서.
평화를 바라시는 주님,
이 나라 이 땅에, 잃어버린 평화를 되찾게 하소서.
한 핏줄 한 겨레이면서도 서로 헐뜯고 싸웠던
저희 잘못을 깨우쳐 주소서.
분단의 깊은 상처를 낫게 하시고

서로 용서하는 화해의 은총을 내려 주소서.
인류의 일치를 바라시는 주님,
갈라져 사는 저희 겨레의 아픔을 어루만져 주소서.
저희의 무관심을 깨닫게 하시어
겨레의 일치를 위하여 열심히 일하고
가진 바를 나누게 하소서.
서로 존중하고 사랑하며
평화 통일을 이룩하게 하소서.
온 겨레가 주님을 믿어
이 땅에 주님의 나라를 이루게 하소서.
우리 주 그리스도를 통하여 비나이다.
아멘.
평화의 모후시여,
저희를 위하여 빌어 주소서.
한국의 모든 순교 성인이여,
저희를 위하여 빌어 주소서.

9일기도 지향

6월 17일 - 평화통일을 지향하는 회심을 위하여
6월 18일 - 북한과 미국, 남한의 정치 지도자들을 위하여
6월 19일 - 한반도의 비핵화와 핵무기가 없는 세계를 위하여
6월 20일 - 경제제재로 고통 받는 사람들을 위하여

6월 21일 - 남과 북의 복음화를 위하여

6월 22일 - 이산가족과 탈북민 들을 위하여

6월 23일 - 한반도의 진정한 용서와 화해를 위하여

6월 24일 - 평화의 일꾼들을 위하여

아침기도와 9일기도까지 하고 늘 하던 대로 네이버를 열었는데 속보가 떠 있다. 김정은의 대남군사 행동 계획 보류라는 메세지를 보며, 한국교회 많은 이들이 바치는 9일기도를 하느님이 귀 기울여 주시는구나 느끼며, 하느님! 감사합니다. 기도하게 된다. 이날 이후부터는 자주 발사하던 핵무기 발사가 거의 없었다.

6월 25일- 한반도에서 종전이 선언되고 평화체제가 실현될 수 있도록

자비로우신 하느님 아버지 온 교회가 바치는 9일기도가 끝을 맺었습니다. 저희의 기도에 귀를 기울여 주시니 감사합니다. 하느님 뜻 안에서 하느님께 찬미와 영광과 감사와 흠숭을 드립니다.

이제 교회가 함께 드렸던 9일기도는 끝났지만 저는 혼자서 계속 9일기도 봉헌하려고 합니다. 위의 지향대로 이어나갑니다. 하느님, 이렇게 9일기도를 이어갈 수 있는 마음을 갖게 해주셔서 감사합니다.

10번이나 9일기도를 더 바치고 9. 25일에 마쳤다.

9일기도 마지막 날, 한반도에서 종전이 선언되고 평화체제가 실현될 수 있도록 간구하며 9일기도를 끝맺음했다.

자비의 하느님! 온 세상과 한반도에 평화를 주소서. 하고자만 하신다면 모든 일이 다 이루어지겠나이다. 아멘!

2020. 9.

프란치스코 교황님, 남북한의 평화를 위해서 기도해 주신다고 들었습니다. 교황님의 시대에 한반도에 종전이 되기를 기도합니다.

평화의 원천이신 주님, 지구촌 최후의 분단국인 이 땅에 하루 빨리 종전이 선언되도록 도와주시어, 화해와 평화의 새로운 한반도를 만들어 나가게 하소서.

베드로 사도의 후계자인 교황이 전 세계 교회를 잘 이끌어
나갈 수 있도록 주님의 도움을 청하며 기도합니다.

2021. 6. 28 교황주일.

땡큐! 하는 소리가 음악처럼

얼바인에 있는 딸네 집에 다니러 갔을 때이다. 호숫가로 산책을 나갔다. 12월인데도 긴 산책로에 주황색 꽃이 활짝 피었다. 호수를 끼고 산책을 하다 보면 테니스장이 모여 있는 코트를 지나게 된다. 꼬미(강아지)를 동무 삼아 호수에 떼 지어 떠 있는 오리떼, 갈매기떼들과 허리 높이의 꽃길을 걷고 있는데 꽃나무 속에 샛노란 테니스공이 사뿐히 얹혀 있다. 무심코 지나치다 색이 너무 선명해서 코트 담장을 넘어온 공인가 싶어 조금 힘들게 꺼냈다.

힘차게 공치는 소리가 들리며 즐거운 웃음소리가 담장을 넘어온다. 손을 높이 들어 넘겨주려다 보니 아래에 공 들어갈 만한 틈이 보인다. 살며시 던져주니 샷을 하려던 여자의 발뒤꿈치에 머문다. 상대방 선수가 뭐라고 하니 뒤돌아보며 공을 집어 들고 틈 사이로 나를 발견하고는 땡 큐! 한다. 마주 손을 흔들어 주며 웃었다. 공을 멋지게 날렸는지 상대편이 나이스 샷! 하는 소리가 들린다. 테니스 경기에서도 나이스 샷! 하는구나 싶어 웃음도 나고 기분이 좋아진다. 특히 공을 집어 든 여자가 땡 큐! 하는 목소리가 얼마나 경쾌한지 나도 행복해졌다. 사람의 목소리가 이렇게 기분 좋게 하는구나 싶어서 그런 목소리를 타고난 사람들이 부럽다. 내 지인들 중에도 이런 분들이 있어서 만날 때마다 행복이 배가 된다.

그런데 우리나라와는 달리 미국인들은 테니스코트장이 보이지 않게 천막으로 막아놓았다. 무슨 이유일까? 펄펄 뛰는 모습을 지나다니는 사람들이 보는 게 싫어서, 일종의 개인 프라이버시일까? 아무튼, 답답해 보였다.

꼬미는 그동안에 갈매기 똥인지 오리 똥인지를 먹고 있다. 선영이가 알면 놀라겠지, 집에만 오면 안고 사는데.

2개월 후에 집에 올 때쯤에는 어린 오리들이 얼마나 크게 자랐는지 뒤뚱거리며 물속으로 다이빙하는 모습도 우습다. 그 덩치로 떼를 지어 날아갈 때에는 마음껏 날아다니는 새들의 진면목을 보여준다.

그런데 며칠 후부터는 덩치 큰 오리들이 안 보인다. 혹시 어딘가로 팔려갔을까? 우리나라처럼 식당으로 팔려갔는지 안타까운 마음마저 든다. 어린 오리떼만 잔디밭에서 놀고 있다.

2019.

번개 비

블로그에 시편 기도를 올리려고 새벽에 컴퓨터를 켰다. 산타바바라에 번개가 심하다는 속보가 떠 있다. 1월에 가 보았던 산타바바라 대학교 안의 해안가가 떠올라 외손녀 선영이한테 문자를 넣었다.

'번개가 심하다는데 괜찮은 거야?'

'네 천둥 번개가 장난 아니었어요.~

근데 사람들은 다 괜찮아요.~' 라고 답문이 왔다.

선영이는 초등학교 5학년까지 마친 상태에서 미국에 갔기 때문에 자유롭게 의사소통이 되어서 감사하다.

1996년에 미국에 갔을 때이다. 하계올림픽이 아틀랜타에서 열릴 때인데 한국 교수 집에서 묵었다. 엄마 아빠는 직장에 가고 그 집의 어린 딸과 집에 있었다. 내가 무슨 말인가를 했는데 반응이 없다. 알고 보니 한국말을 전혀 못하는 아이였다. 아니, 엄마 아빠와 한국말로 대화를 안 하고 사나? 하는 의구심이 들어서 이해가 안 되었다. 나는 어떤 아이들과도 이야기가 잘 통하는데 그 아이와는 소통이 안 되니 벙어리끼리 있는 것 같았다. 그때의 답답함이란 이루 말할 수가 없었다.

그 무렵 미국에서 한국 유학생들이 이민 가서 살고 있는 대학생들과 시비가 붙어서 유학생에게 맞아 죽은 어처구니없는 일까지 벌어져서 얼마나 황당하고 안타까웠는지 지금도 마음이 아프다. 이민 가서 살고 있는 학생들이 한국어를 못한다는 이유로 다툼이 생겼다고 한다.

초등학교 3학년이 지난 다음에 간 아이들은 한국어를 다 배우고 갔기 때문에 어려움이 없지만, 그전에 간 아이들은 거의 한국어를 못한다고 한다. 의식이 있는 부모님들은 집에서는 꼭 한국어로 말해서 한글을 가르쳤지만, 미국생활에 빨리 적응하라고 아예 안 가르친 가정은 문제가 심각하다고 들었다. 우리나라 말도 못하면서 영어만 잘하면 되느냐고 유학생들과 다툼이 생겨서 죽음에까지 이르게 되었다는 얘기는 새겨들어야만 될 사건이었다.

천둥 번개가 5분간에 1500회나 친다는 게 상상이 안 된다.

번개 비라고 표현이 되었다.

사람들이 자연을 거스르는 잘못, 문란한 성 문화 등으로 인한 잘못이 재앙을 불러오는 것은 아닌지 겸손한 마음으로 기도가 된다.

'하느님, 인간들이 저지르는 잘못을 너그럽게 용서하소서. 온 세상에 자비를 베푸소서.' 아멘!

2019. 3. 8.

선영이의 응답 한마디

2002년 6월 월드컵이 열리던 해였다.

어느 날인가 4살짜리 외손녀와 TV를 보고 있었는데 무슨 카드 선전을 하는 광고에서 여자 탤런트가 아주 힘 있는 어조로 "여러~분! 부~자 되세요!"라는 멘트를 날리고 있었다. "여러~분! 부~자 되세요!!"라는 말이 끝나자마자 선영이가 그 말을 받아서 아주 커다란 목소리로 "네에!" 하고 대답하는 것이었다. 나는 그 대답이 어찌나 확실하고 똑똑하게 들렸는지 "아휴! 계집애도 꼭 우리들이 축복의 기도 끝에 '아멘!' 하고 대답하는 거와 똑같네." 하며 감탄하였다.

드디어 6월에 월드컵이 시작되고 붉은악마들의 함성이 온 나라가 들썩이도록 울려 퍼지고 걸음마를 할 줄 아는 애기서부터 할머니까지 모두 빨간 티셔츠를 입고 목이 터지게 대한민국을 외친 응원의 힘으로 우리나라가 16강에 들어가면서부터, 선영아빠가 운영하는 원단 가게에서 빨간 원단이 팔리기 시작하는데 그야말로 불티나게 팔린다는 말이 이런 때 적용되는 말인 듯 직원들이 밤을 새우며 주문량을 처리해도 다 못할 정도로 바빠지기 시작하였다. 우리나라가 시합을 해서 이길 적마다 주문은 밀려들고 직원들 혹사시키는 게 미안해서 보약까지 먹여가며 일을 시켰다.

선영아빠도 목이 쉬고 손바닥이 아플 정도로 응원을 하면서도 나중에는 한국이 이길 적마다 "아휴 이거 또 이겼네, 어떡하지" 하면서 뛰어나가고 나가보면 사람들이 줄을 서서 기다리고, 너무 힘드니까 나중에는 이제 그만 좀 이기면 좋겠네. 할 정도로 대박이 터졌다. 나는 이런 좋은 일들이 선영이의 기도인 듯싶다. "네에!" 하는 대답 자체가 기도라고 생각했으니까, 말이 씨가 된다고 선영이가 그 광고 멘트가 나올 때 어린아이였지만 그런 염원을 가지고 대답한 것 같다.

"너희들 이번에 빨간 원단으로 대박 터진 거 선영이 기도 덕인 줄 알아라." 하였더니 선영아빠와 엄마가 그런 것 같다며 웃는다.

2002년 6월 붉은악마들의 함성 소리가 들리는 듯하다. "대한민국! 짝짝 짝 짝짝" 하는 엇박자 박수 소리도. 다음 달이면 벌써 월드컵이 열리는 때가 또 돌아온다. 올해도 남아공에서 승리의 승전보가 날아들면 좋겠다. 그래서 어깨가 처진 우리 국민들에게 희망의 메시지가 되어 모두에게 즐거운 일들이 팡팡 터지면 얼마나 좋을까.

2002년 4강까지 올라갈 때처럼 또 한 번 기대를 걸고 염원해 본다. 이번에도 선영이가 옆에 있으면 좋으련만 멀리 미국에서 살고 있으니 같이 응원할 수가 없어서 아쉽다.

선영아! 사랑해

4살이던 선영이가 이젠 대학 졸업반이다. 세월이 유수와 같다더니.

2021. 5.

아직도 중2병이 진행 중이다

아들이 결혼한 지 9년 만에 태어난 손자가 벌써 초등학교 졸업을 하였다. 너무 감사해서 매일 미사책 맨 뒤에 학생 졸업 미사경문이 실려 있기에 적어보고 싶어서 일부분만 옮겼다.

입당송

하늘은 하느님의 영광을 말하고, 창공은 그분의 솜씨를 알리네.
낮은 낮에게 말을 건네고, 밤은 밤에게 앎을 전하네.

본기도

지혜의 샘이신 하느님, 오늘 졸업을 맞이하는 젊은이들을 비추시어, 하느님을 두려워하는 것이 온갖 지식의 근본임을 깨닫고, 그동안 학교에서 배운 진리를 삶으로 실천하게 하소서. 성부와 성령과 함께 천주로서 영원히 살아계시고 다스리시는 성자, 우리 주 예수 그리스도의 이름으로 비나이다. 아멘

제1독서

잠언의 말씀입니다.

잠언은 지혜와 교훈을 터득하고, 예지의 말씀을 이해하며, 현철한 교훈과 정의와 공정과 정직을 얻게 하려는 것이다. 또한, 어수룩한 이들에게 영리함을, 젊은이들에게 지식과 현명함을 베풀려는 것이니, 지혜로운 이는 이것을 들어 견문을 더하고, 슬기로운 이는 지도력을 얻으라. 그러면 잠언과 비유, 현인들의 말씀과 수수께끼를 이해하게 될 것이다.

주님을 경외함은 지식의 근원이다. 그러나 미련한 자들은 지혜와 교훈을 업신여긴다.

주님의 말씀입니다. 하느님, 감사합니다.

졸업생을 위한 기도

인도자이신 주님, 지나온 시간을 마무리하고 있는 졸업생들과 함께하시어, 새롭고 낯선 환경에 대한 두려움을 없애주시고 희망으로 새 출발을 준비하게 하소서. 아멘!

'서진이와 모든 졸업생들을 위해서 기도하였습니다. 모두 건강하게 자라서 슬기롭고 지혜로운 지도력을 얻게 해주소서.'

초등학교 졸업하는 손자, 나 혼자 둔 것 같은 기분이다.

어느덧 서진이가 중2가 되었다. 우리나라의 중2 학생들이 무서워 김정은이 남침을 못한다는 설이 있을 정도로 중2병에 걸려서 에미 전화는 물론 할머니 전화도 안 받는다. 섭섭하지만 게임에 빠져서 지내고 있는 손자가 슬기롭게 잘 이겨내기를 기도하며 기다리는 수밖에 없었다.

고2가 되었는데도 게임만 하며 지낸다고 어미가 하소연을 한다. 학교까지 가지 못하는 상황이니 안 보아도 본 듯하다. 나도 서진애비 때문에 다 겪은 일이니 뭐라고 할 말이 없다.

앞집 할머니 손자가 육사를 목표로 수험공부를 하고 있었다. L.A에 있는 딸이 아침마다 아침 기도 유튜브 영상을 보내주는데 거기에 수능 D-day 며칠이라는 날짜가 계속 올라왔지만, 친지 가족 중에는 수능생이 없으니 건성으로 보였다. 그런데 수능일이 점점 다가오는 것을 매일 보게 되니 우리 애들 수능 때에 마음 졸이던 생각이 나고 앞집 할머니와 수험생 손자가 얼마나 초조할까 걱정이 된다. 10일밖에 안 남은 숫자를 보며 신자는 아니지만 기도해 주어야 되겠구나 하는 생각이 불현듯 나서 9일기도를 시작하였다.

작년에는 하도 궂은날이 많아서 감이 익지를 않았다. 그래서 서리가 내릴 때까지 따지를 않았다. 감 따는 일이 너무 힘들어서 큰 가지를 베었더니 손자한테 줄 것만 열었다. 해마다 감 따는 것 때문에 고생하였는데 따기도 쉬웠다. 나이 때문에 그 아까운 대봉감을 포기한다는 게 어불성설처럼 들리겠지만 도리가 없다. 40여 개를 잘 손질해서 택배로 부치고 나서 서리 올 때까지 기다리느라고 이제야 감을 보냈다고 문자를 넣었다.

며느리한테 전화가 왔다. 감 따시느라 고생하셨다며 서진이가 수시로 고대, 포항공대, 카이스트 세 군데에 원서를 넣었는데 세 군데 다 1차 합격이 되었다고 한다.

"무슨 소리야? 서진이가 아직 고2인데 무슨 대학시험을 본다고?" 에미가 웃으며 아직 면접이 남아서 면접까지 다 끝난 다음에 전화 드리려고 했다고 한다. 손자 바보 할머니는 꿈을 꾸는 것 같았다.

하느님, 감사합니다. 서진이는 내년이려니 하고 생각도 안 했는데 이런 기쁜 소식을 듣게 해주시니 감사할 뿐입니다.

육사에 가서 나라를 지키는 육군이 되겠다고 열심히 공부하는 학생을 위해서 기도 시작한 지 3일째 되는 날 들은 소식이어서 감사한 마음에 9일 기도를 더 열심히 하게 된다.

그런데 서진이는 아직도 중 2병이 진행 중이다. 대학 생활을 바쁘게 하다 보면 차차 없어지겠지 기도하며 기다리고 있다.

서진이 휴대폰 알림 톡에 카이스트 21학번이라고 적혀 있는 것을 보며 대견해서 웃음이 저절로 난다. 학문의 길을 행복하게 보내기를 바랄 뿐이다.

손자가 긴 학문의 길을 마치려면 몇 년이 걸릴지, 사회에 어떤 이로움이 되는 일을 하며 살게 될지, 내가 세상에 있는 한 지금까지 기도해 준 것처럼 겸손한 마음으로 기도해 주어야지.

수호천사에게 바치는 기도는 스스로 본인이 해야 하는데 아기 때부터 내가 대신해 주고 있다.

언제나 서진이를 지켜 주시는 수호천사여,

인자하신 주께서 서진이를 당신께 맡기셨으니

오늘 그를 비추시고 인도하시며 다스리소서. 아멘!,

하느님 아버지! 영원무궁토록 감사와 찬미를 받으소서. 아멘!

2021. 1

오늘의 묵상 글 중에서

주 우리 하느님은 한 분이신 주님이시다. 신명기의 핵심인 이 가르침을 신명기가 어떻게 전달하는가를 살펴보려고 합니다.

이 중요한 계명은 내 마음에 잘 새겨 두는 것으로 끝나지 않고, 집에서도 길에서도 누워 있을 때도 일어나 있을 때도 자녀에게 거듭 들려주어야 합니다. 잊지 않도록 손과 이마에도 표지를 붙이고, 문설주와 대문에도 써 붙여 놓아야 합니다.

여러 가지 지시 사항 가운데서도 특별히, 자녀에게 거듭 들려주라는 말씀이 깊은 여운을 남깁니다. 어려서 배운 것이 몸에 배어들어 오래가기 마련이지요. '아기'라고 부르는 것이 더 옳아 보이는 어린아이들에게 영어를 가르치려는 부모들의 열성을 보면, 조기 교육의 중요성을 모두 잘 알고 계신 것 같습니다. 음악이나 미술도 마찬가지겠지요. 그런데 성장한 청장년의 경우, 언어는 물론이고 음식을 만들거나 바느질, 농사일, 그 밖의 여러

기술도 어려서 배운 사람을 따라잡을 수가 없습니다. 나이가 들어 습득한 기술은 사용하지 않으면 금방 잊히지만, 어려서 배운 것은 한참 지나도 다시 활용할 수가 있습니다.

신앙 교육도 당연히 그렇습니다. 어려서부터 믿음을 익히고 실천에 옮긴다면 혹여 잠시 냉담을 하더라도 언젠가는 다시 돌아오게 될 것이고, 머리로는 믿음을 버린다 하더라도 몸으로는 기억하게 될 것입니다. 조기 영어 교육 또는 영재 교육의 관심과 열정의 십분의 일만이라도 자녀들의 신앙 교육에 쏟을 수만 있다면~. 참으로 안타까운 현실입니다. 커서 배운 신앙 교육은 머리에만 머물기 쉽습니다.

-「매일미사」 8월호 중에서 옮겨 적음

우리집 뜰이 꽃대궐처럼 환하다

봄 기운이 완연하다. 나무에 물오르는 소리가 들리는 듯하다. 그런데 봄 가뭄이 너무 심해서 은근히 비를 기다리고 있는데 어느 날, 하루종일 비가 내린다. 작물들이 뿌리가 내리도록 흠뻑 물을 먹겠구나 싶어 비 내리는 들녘을 하염없이 바라다보며 나 역시 생기가 돈다. 여형제들이 큰언니를 만나러 원주에 가 있을 때라 우리 집 과일나무들이 비를 흠씬 맞으며 꽃망울을 터뜨리는 모양을 빨리 보고 싶었다.

집에 돌아오니 비가 흡족하게 내려서인지, 자두나무는 이미 꽃이 만발하고 복숭아꽃은 곧 터지려고 발갛게 물이 올랐다. 밤중에 왔는데 궁금해서 창문을 열었다. 마침 보름달까지 환하게 떴는데, 복숭아나무까지 온통 빨갛게 물들어 있어서 우리 집 뜰이 꽃대궐처럼 환하다.

며칠 후에는 얼어 죽었던 감나무도 잎새를 뾰족 내밀고 석류

나무도 새 가지에 싹이 돋으려고 눈이 튼다. 올해는 열매도 열릴 것 같다.

2012년 이사 오던 해에 감과 석류가 얼마나 많이 열렸는지 과일나무들 때문에 이렇게 행복해 보기는 처음이었다. 그러던 나무들이 추운 겨울에 고사가 되었는지 봄이 되어도 싹을 틔울 생각도 안 하고 고목인 양 서 있다. 새로 만난 감나무가 일 년 만에 죽은 것 같아 겁이 덜컥 났다. 이 집을 계약할 때, 젊은 주인이 "집 보러 가셨을 때 감나무는 보셨어요?" 묻기에, "감나무가 있어요?" 너무 기뻐서 손을 덥석 잡았다. "맛있는 대봉나무가 두 그루나 되는데 못 보셨어요?" 한다. 빈집이어서 대충 둘러보았다. 석류나무도 있어요. 하는 말에는 너무 좋아서 4일 만에 계약한 그 이튿날 친구를 태우고 3시간이나 달려가서 보고 왔다. 그랬던 나무들이 새순이 돋았다. 2년을 기다리게 하더니 올해는 싹을 틔우려나 보다.

복숭아나무 옆에 새로 사다 심은 자두나무가 있다. 자두 꽃이 먼저 피었다. 기다리기라도 한 듯이 벌들이 날아들기 시작한다. 그런데 며칠 후에 복숭아꽃도 피었다. 복숭아꽃이 피니까 자두 꽃으로 날아들던 벌들이, 자두 꽃은 안중에도 없는 듯, 복숭아꽃에만 날아든다. 사람으로 친다면 배신자가 따로 없다. 그런 연유로 자두 열매는 30여 개만 열리고 쉴 틈 없이 날아들던 복숭아꽃은 몽땅 열매가 달렸다. 두 나무를 어떻게 해야 할지 고민을 해야 할 것 같다.

큰언니가 아파트 베란다도 아닌 창문 안에 고추를 두 포기 심었다고 하였다. 하얀 꽃이 많이 피었다. 고추장에 풋고추를 찍어 먹을 기대를 하였는데, 한 개도 안 열리고 꽃이 떨어진다. 옆집 친구가 오더니 벌이 날아와야 열매가 열리지 7층 창문 안에 있는데 무슨 고추가 열리느냐고 하여 화분을 복도로 옮겼다. 정말 벌이 붕붕거리며 날아들더니 고추가 주렁주렁 달려서 신기했다고 한다. 자연의 신비이다. 동물이건 식물이건 암수가 만나야 열매를 맺는다는 걸 다시 확인했다고나 할까, 그러고 보니 요즘은 자연의 훼손 등으로 벌들이 죽어서 과수원에서는 인공수정을 해준다는 기사를 읽었다. 벌의 개체수가 자꾸 줄다 보면 사람도 살지 못하는 세상이 될 것만 같아 한숨마저 나온다.

이사 온 이듬해 봄에 무슨 나무라도 살까 싶어 논산 화지시장에 갔다. 할아버지 한 분이 길에다 눈도 안 튼 복숭아나무 몇 그루를 놓고 우두커니 서 계시다. 얼마냐고 물으니 1미터쯤 되는 나무를 집어 들고 삼천 원만 달라고 하신다. 참 싸기도 하다 싶어 한 그루를 샀다. 나무 밑둥에 비닐로 꽁꽁 싸맨 접붙인 곳을 가리키며 여기는 땅속에 묻지 말고 심으라고 한다. 그러면서 나무를 50센티쯤 남기고 싹둑 잘라버린다. "안 돼요?" 놀라서

소리를 질렀지만 이미 잘라버린 후였다. 너무 아까웠다. 그냥 두었으면 올해라도 꽃이 필 것 같았는데,

할아버지는 외마디 소리를 지르면서 놀란 나에게 이렇게 해줘야 튼튼하게 자란다며 웃으신다. 이 나무가 언제쯤이면 열매가 열릴지 물으니 한 3년 있으면 꽃도 피고, 복숭아도 열릴 거라고 한다. 오래도 걸리네, 잘려나간 가지가 아쉬워서 속으로 혼자 중얼거렸다.

화분이 아닌 땅에다 정성껏 심었다. 그랬던 작은 나뭇가지에 꽃이 세 송이가 피었다. 꽃 세 송이가 다 열매를 맺었다. 중간에 하나는 떨어지고 꽃 두 송이에서는 열매가 달렸다. 매일 매일 자라 주먹만큼 커지더니 특유의 분홍색으로 변한다. 남편과 한 개씩 나누어 먹으며 시골에 사는 행복을 만끽하였다. 삼 년 후에 열린다던 복숭아를 몇 달 후에 먹을 줄이야 어찌 짐작이나 하였으랴?

나는 감나무가 자잘하게 하얀 꽃이 피는 것도 처음 알았고, 처음 보았다. 나무에 눈이 트는 봄부터, 열매들이 자신들만의 아름다운 색으로 익어가는 가을까지 웃음을 달고 산다.

2015. 4

주여 사람이 무엇이온데

아들 대입 턱을 내려고 나의 중학교 때 국어를 가르쳐 주셨던 장혜원 선생님께 전화를 했는데 안 계셨다. 저녁에 선생님이 전화를 주셔서 낮에는 홀로 계신 팔순이 넘은 스승님을 찾아뵈었다고 하신다. 아직 카드 못 보낸 곳이 많아 카드 정리를 하다가 묵은 카드 중에서, 87년도에 내가 보낸 카드를 읽어 보고 있는 중인데 카드에 이렇게 씌어 있다며 읽어주셨다.

'선생님! 저희 아들 대입을 위해서 걱정해 주시고 기도해 주셔서 감사합니다. 그러나 아들의 노력 부족으로 낙방하고 말았습니다. 하지만 우리를 사랑하시는 주님께서 더 좋은 것을 주실 것이라 믿고 기도합니다.

나는 순간순간 하느님의 사랑을 느끼며 눈물이 흐르는 체험을 하곤 한다. 작년에 아들이 입학시험에 실패했을 때 암담함보다는 내년에 더 좋은 것을 주시겠지 하는 기대와 희망이 있었다.

오죽하면 합격자 발표가 있던 날, 오빠가 약을 지으러 오셨는데 합격 여부를 묻는 전화가 많이 왔다. 그 전화를 받는 내 태도가 얼마나 당당하고도 자연스러운지 오빠는 넌 어떻게 떨어졌다는 전화를 그렇게 여유 있게 받니? 아무렇지도 않은 것 같다고 하시며 핀잔 아닌 핀잔까지 하셨다. 이왕에 떨어졌으니 다시 1년 동안 기도하며 준비하면 될 것 같다는 마음이 들었기 때문에 부끄럽지도 속이 상하지도 않았다.

난 작년까지는 아들이 입학시험에 떨어지리라는 생각을 꿈에도 갖지를 않았다. 당연히 합격할 거라고 믿었다. 초등학교 때부터 12년 동안 남들이 다 하는 과외나 학원 한번 다니지 않고도 성적이 처지지를 않고 늘 상위권이었기 때문에 철석같이 믿었다. 그래서 온 마음으로 기도하며 보살폈어야 하는데 평상시처럼 하고 다녔다. 수험표 번호를 받아 보고도 5천 몇 번이라고 적혀 있는 걸 보면서 무슨 숫자가 이렇게 천 단위로 나가느냐고 했다. 그러다가 시험 발표장에 가서 번호를 찾다가 없어서 내가 번호를 잘못 알고 왔나? 하는 핑계 아닌 핑계도 마음속으로 가지며 건방진 생각을 했다.

확실히 낙방한 것을 알고 나서야 아, 내가 잘못했구나. 아들의 성적만 믿고 내가 엄마로서 그 어려운 입학시험을 앞두고 있는 아들을 위해서 절실한 마음으로 기도도 하지 않고 지냈구나. 하는 마음이 들며 하느님께 죄송한 마음이 들었다. '하느님, 잘못했습니다. 아들의 성적만 믿고 지낸 저를 용서해 주세요.'

재수하려고 종로학원에 원서를 넣으려고 갔더니 성적표와 아이큐 검사지를 가져오라고 한다. 서류를 다시 가져다주고서야 등록이 되었다.

수능 수험표를 받아온 날, 아들에게 네 방에 들어가면 수험표가 잘 보이도록 책상 앞에 놓으라고 부탁을 하였다. 왜 그러느냐고 묻기에 글쎄 잘 보이는 곳에다 두라고만 하였다.

그날부터 시험 보러 가는 날까지 아들 방을 드나들며 수험표를 바라보며 기도를 하였다. 다른 때는 청소나 하러 들어가던 방을 시도 때도 없이 들어가서 기도를 하게 된다. 작년에 수험번호는 5천 몇 번이라 어렵기도 하더니 이번 수험표는 55번이다. 하루에도 몇 번씩 쳐다보아서인지 55라는 숫자가 완전한 숫자처럼 보인다. 합격자 발표장에서 바라본 55라는 글자가 그렇게 생각되었다.

"주여 사람이 무엇이온데 이렇게까지 돌보아 주시나이까?" 감사하고 감사할 따름입니다. 1989. 1. 17.

대입 합격자 발표가 있기 전날 다른 학교는 합격자 명단을 방송국이나 신문사로 전화하면 알려주는데 연세대학교만은 내일에

나 알 수 있다는 대답이었다. 마음을 졸이고 있는데 L 교수님한테서 전화가 왔다. 전화를 받자마자 "모니카! 나야 합격 축하해" 하신다. "선생님, 아직 발표가 안 나서 기다리고 있는 중이에요." 했더니 "미리 축하 받아도 돼 합격한 거나 마찬가지야. 그동안 나도 내 아들처럼 생각하고 기도했으니까 합격 턱이나 해" 하신다. "그럼요 선생님! 두 턱이라도 내야지요. 기도해 주셔서 정말 감사합니다."

우수 장학생으로 합격한 후 며칠 후에 기도해 주신 것에 대한 고마운 인사도 드릴 겸 아들과 함께 찾아뵈었다. 진호를 한참 보시더니 그전에는 분도(세례명)가 이렇게 잘생긴 줄은 몰랐는데 오늘 보니까 아주 잘생겼구나. 꼭 교수할 타입이구나. 오늘 내가 합격을 축하해 주는 뜻에서 맥주 한 잔을 따라줄 테니 마시고, 4년 동안 친구들과 어울려 다니며 술 마시고 그러지 마라 하신다. 나는 이 말씀이 얼마나 축복의 말씀으로 들렸는지 아들보다도, 내가 더 마음에 새겨들었다. 대학에 합격하기가 아주 어렵던 시절이었다.

1989. 2

떠오르는 해가 선영이 꿈이었구나

라파엘이 떠난 지 1년이 지났다. 하루는 선영에미가 오더니 선영아빠가 좀 외곽 양수리 쪽으로 나가고 싶다고 한다며 걱정을 한다.

아마도 경원이가 잠들어 있는 팔당 가까이로 가고 싶은가 보다는 생각이 더 들어서, 한마디 툭 던진 말이 "너희들 그러지 말고 차라리 미국으로 가라. 선영이도 좋고 거기서도 열심히 하다 보면 여기보다는 좋을 거 같은데" 그랬더니 잠잠히 듣고만 있다.

그 후에도 선영아빠가 이사 문제로 고민을 해서, 에미가 그냥 미국으로 갈까요? 했더니 바라던 대답이었는지 그날로 LA에 있는 친구에게 전화해서 선영이 학교부터 알아봐 달라고 하였다. 그곳 학교마다 전화해서 알아봤는데, 마지막 20몇 번째인지 학교에 6학년엔 결원이 없고, 5학년에 1명이 들어갈 수가 있다고 해서 정했는데 꼭 엄마와 같이 와야 한다고 하였단다. 거기에다 수녀님들이 운영하는 가톨릭 학교인데 아주 오래된 학교이고 더 잘된 것은 선영이네가 가톨릭 신자여서 영세 증명이랑 떼어오면, 학비도 많이 다운될 거라고 하여 준비하였다. 하느님 이렇게 일이 잘되도록 도와주시는군요.

또 일단 거처할 집이 문제인데, 마침 친구네가 방도 많고 같이 사시던 친정어머니가, 당신의 어머니를 돌보러 아주 귀국하게 되어서 집을 팔려고 하는 중이었다고 한다. 그러다가 선영이네 소식을 듣고 일단 선영이네와 같이 살면서 그곳에 익숙해질 때까지 같이 지내기로 하였다고 한다.

LA 친구와 통화하기로 한 전날 밤에 친구 부인이 꿈을 꾸었는데, 앞산에서 떠오르는 해가 집안으로 들어오는 꿈을 꾸었다고 한다. 그 댁 외할머니가 선영이 학교 문제가 정해지는 것을 보시더니 그 꿈이 선영이 꿈이었구나 하시더란다. 하느님, 감사합니다. 길게 고민하지 않고 해결이 되는 것 같아서요.

그 친구는 ROTC 때 친구라고 하였다. 난 그래도 실감이 나질 않아서 선영이랑 유진이가 여행 가는 것처럼 느껴졌다. 그래서 공항까지는 안 가려고 하였다. 그런데 떠나는 날 아침에 기도하는데, 이제 선영이가 가면 언제 올지 모르는데 공항에 가서 점심이라도 먹여서 보내야지 하는 생각이 들었다. 난 언제나 한

박자 늦게 생각이 떠오른다. 하마터면 보내고 나서 안타까울 뻔하였다. 공항엘 갔다. 선영아빠가 비즈니스 좌석으로 티켓팅을 한다. 제 아내와 딸을 위해서 한 것이지만 공연히 고맙다. 애비는 일이 남아서 나중에 간다고 하였다. 배웅을 하고 돌아와 얼마나 어질러 놓고 갔나 싶어 아파트에 갔더니 나간 집이 따로 없다.

무엇부터 치워야 할지 망설이다가, 서랍은 좀 정리가 됐나 싶어 열어보았다. 서랍 안에 선영이, 경원이 돌 때 해주었던 금돼지랑 반지들이 그대로 있어서 선영애비 들어오면 간수하라고 몇 자 적어 놓았다. 또 다른 서랍에선 애들 배내옷이랑 태내 사진이 나와서 순간 눈물이 쏙 빠졌다. 또 이름 지은 작명지가 나와서 읽어보며 얼마나 울었는지. 특히 경원이 작명지에 적힌 글귀가 얼마나 가슴을 아프게 하던지 울고 또 울었다.

'무병장수, 부귀영화'라고 적힌 글귀였다. 세상에 6살에 가는 아이한테 무병장수라니 기가 막힐 뿐이다. 내가 그냥 집으로 갈 걸 공연히 들어왔구나. 후회를 하였다. 우느라고 제대로 치우지도 못하고, 마루에 떨어져 있는, 유진이 손목 묵주만 내 손목에 끼고 돌아왔다.

그리고 우리도 바로 여행을 가는 바람에 마음 허전할 틈도 없이 2주를 보내고 와서 선영애비 출국하는 것도 못 보았다. 우리가 11월에 이미 여행 일자가 잡히고 나서 선영이네가 미국에 가려는 결정이 되어 제대로 전송도 못하고 말았다. 집에 도착하니 전화가 와서 잘 지내고 있다는 소식을 듣고 안심이 되었지만, 한편으론 선영이네가 정말 다 가버렸다는 생각에 허전하기 짝이 없다.

구청에 가서 세 사람 출국 증명서를 학교에 가져다주려고 떼어보니 선영애비가 이미 2007년에 서너 번이나 오고 가며 LA에 사무실이랑 사업자 등록까지 준비했었다는 생각이 났다. 그 당시 사업차 출국할 준비를 하는 도중에 부모님이 반대도 하셨고, 또 경원이가 병원에 입원하니 접었던 것 같았다. 그동안 경원이가 없는 집에서 어떻게 1년을 견뎠는지 떠나고 나니 더 마음이 아프다.

하느님! 선영이네가 그곳에서도 몸과 마음 건강하게, 하는 일에 축복하시고 선영이도 잘 적응하여 즐거운 학교생활이 되도록 도와주세요. 선영이는 교장 수녀님과 담임선생님이 예쁘다. 잘한다. 칭찬을 해주셔서 자신감도 얻고 잘 지낸다고 한다. 하느님! 모든 일이 감사할 뿐입니다.

그런데 요즘 애들이 너무 보고 싶다. 길에서 선영이 또래들이 보여서 더 보고 싶다. 아이들이 노는 모습들을 한참이나 바라다보았다. 애들 보내고 나서 잘 넘기나 했는데 그게 아니었나 보다. 경원이 보내놓고도 한 5, 6개월은 갈피를 못 잡고 힘들었는데 이번에도 그런 마음이 드나 싶은 게 걱정이 된다. 그래서 전화를 돌려보았다. 마침 선영이가 받아서 통화하고 나니 좀 가라앉는다.

"선영아! 여기는 비가 오는데 그곳 날씨는 어때?"

"할머니, 눈이 아니고 비가 와요?"

"그래 며칠째 비가 온단다."

"할머니, 여기는 날씨가 좋아요."

넓은 나라에서 잘들 살거라. 굳이 한국만 고집할 필요는 없단다.

2010. 1

거룩한 사업 번창하시길

프란치스코 교황님이 순교자 124위를 복자품에 올리시려고 우리나라를 방문하신다. 순교자들의 희생이 있었기에 하느님이 우리나라를 특별히 사랑하시는 것만 같다. 그 은혜로 6월부터 8월까지 전대사 기간으로 정하셨다고 한다. 얼마나 감사한 일인지 후손들이 기도해 주기를 목말라 하는 영혼들을 위해서 부지런을 떨어야겠다는 결심을 하였다.

6월이 되었다. 어느 분이 생각날까? 기억을 더듬어 보다가 잠이 들었다. 신앙의 해에 전대사 봉헌을 다 해드렸다고 생각을 하였다. 그런데 정말 꿈에도 생각을 못했던 정음전 할머니 꿈을 꾸었다. 아, 이분을 꿈에서 다 뵙다니 새삼스러웠다. 몇십 년 전에 돌아가셨기 때문에 잊고 있었다.

아이들이 어릴 때 전세방을 구하려고 집을 보러 갔다. 집주인이었던 정음전 할머니가 "애들은 몇이유?" 물으시기에 "둘이예요" 하였더니 둘이라고 해놓고 5명을 데리고 오는 사람도 있습디다. 하여서 아주 황당하다는 생각이 들었었다. 이북에서 단신 월남해서 결혼도 안 하고 사셨다. 성당엘 다니셔서 이사 가서는 잘 지냈다.

돌아가실 무렵에 찾아뵈었더니 고맙다며 두 손을 꼭 잡으신다. 그 후로 몇십 년은 까맣게 잊고 살았다. 그런데 그분의 꿈을 꾼 것이다. 아! 기도해 달라는 것으로 금방 이해가 되었다. 평소의 모습처럼 깨끗한 모습이다. 무슨 일인지 5만 원 권을 2장이나 주셨다. 양아들을 위해서도 기도해 달라고 하시는 걸까? 일요일까지는 너무 멀어서 오늘 가까운 황새바위 성지로 달려가서 기도해 드리니 새삼 하느님께 감사한 마음이 들었다.

그렇지 않아도 어느 영혼이 기도해 달라고 신호를 보낼지 은근히 긴장하고 있었었다. '제가 기도하게 해주시니 감사합니다. 그런데 할머니! 저에게 걱정이 있어요. 제 아들 분도가 다니던 회사가 파산이 되어 쉬고 있습니다. 어릴 적에 분도를 보시며 늘 말씀하셨지요. 분도는 하는 행동이 버릴 게 없다며 씨 받을 아이라구요. 분도가 실망하지 않고 적성에 맞는 일을 다시 할 수 있도록 도와주세요. 재취업이 너무나 어려운 것 같습니다. 꼭 전구해 주세요. 복된 영혼이시여.'

분도가 홈페이지 만드는 아르바이트를 하고 있었는데, 그 후에 인터넷으로 사업하는 회사에 취직이 되었다. 다쳤던 무릎의 깁스를 풀던 날 '요즘은 좀 어떠신가요? 저는 회사에 취직이 되어 일주일째 잘 다니고 있습니다.' 하는 문자를 받고 얼마나 기뻤는지, 정음전 할머니가 기도해 주신 것만 같다. 하느님께 감사! 여러 지인들도 분도를 위해서 많은 기도를 해주셨기에 감사할 뿐이다.

6월 5일 새벽녘에 며느리 친정 꿈을 꾸었다. 가족들이 제사 음식을 장만하고 있다. 바깥사돈께서도 프라이팬에 산적 고기를 굽고 있다. 한참이나 꾸었다. 손자와 며느리, 아들까지도 밝은 모습으로 보였다. 꿈을 깨고 나서 무슨 일로 사돈네 꿈을 다 꾸었나? 혹시 며느리 외할머니의 꿈이 아니었을까 하는 생각이 들었다. 무남독녀 외딸만 두셔서 클라라네 집에서 사시다 돌아가셨다는 얘기를 들었었다. 며느리가 처음 인사 왔을 때 외할머니 이야기를 하며 눈물을 쏟았었다. 자기를 많이 사랑해 주셨다고 한다. 첫 손녀라 더 많은 사랑을 주셨나 보다는 생각을 하였었다.

꿈속에서도 클라라 외할머니의 기일인가 보다는 생각을 하였다. 그분을 뵌 적이 없으니까 제사 음식 준비하는 것을 보며 당신 기도를 해달라는 것으로 이해가 되었다. 신자였는지도 몰라서 클라라에게 문자를 보냈다. '혹시 외할머니가 신자이셨는지?

본명은 무엇인지? 할머니가 기도해 달라고 하시는 것 같다. 너도 어머니도 신앙생활을 안 하고 쉬고 있으니 걱정이 되시나 보다. 너를 많이 사랑하셨다니 이번에 고백성사 보고 할머니 전대사 기도해 드려라.'

'네' 하고 문자가 와서 너무 기뻤다. 할머니가 외손녀를 많이 사랑하셨다더니 이런 기회를 통해서 다시 신앙생활 잘하며 살아가라고 이끌어 주시는구나. 뵌 적도 없는 사돈이셨지만 감사한 마음이 들었다.

이튿날 다시 문자가 왔다. '최승엽 마리아 빅토리나'라며 나한테 부탁을 한다. 아직은 때가 아닌가 보다. 정성껏 봉헌해 드렸다. 하느님, 뵙지는 못했지만, 사돈을 위해서 기도하게 해주시니 감사합니다.

6월 12일 새벽에 꿈을 꾸었다. 호랑이오빠네를 갔는데, 40여 년 전에 돌아가신 올케가 옛 모습 그대로인 채로 상을 차려 주어서 식사를 하며, 작은아버지가 안 계셔서 보고 싶다는 말도 하였다. 작은어머니도 평상시의 단정한 모습으로 식사를 하신다. 꿈을 깨면서 아, 하느님! 올케에게 전대사 기도를 해드리라는 거군요.

그런데 2008년에 모두 다 봉헌해 드렸다는 생각이 난다. 1월에 돌아가신 호랑이오빠 기도를 해드리라고 꿈을 꾸었나 보다고 이해를 하였다.

서요셉 호랑이오빠, 전대사 봉헌해 드립니다. 전대사가 언제나 선포될까 아쉬웠는데 이렇게 빨리 선포되니 감사할 뿐입니다. 돌아가실 때 뵙지 못해서 죄송스러웠는데 기도해 드리게 되어 많이 기쁩니다.

6월 13일 텃밭에 풀을 뽑다가, 흙 속에 무언가 반짝거리는 게 있어서 꺼내니 보석이 40여 개나 박힌 팔찌다. 그곳에 풀을 세 해 여름 동안 한두 번 뽑은 것도 아닌데 지금에서야 보이다니? 이 팔찌의 주인은 누구였을까? 이 집을 짓고 살았던 분이었을까? 아니면 우리가 이사 오기 전에 사셨던 분일까? 궁금하였다.

며칠 후에 꿈을 꾸었다. 어느 모르는 아주머니의 꿈이었는데, 보험을 들러 가야 한다며 어디론가 간다. 옆모습이어서 잘 볼 수가 없다. 거기다 얼굴에는 벌 키우는 사람들이 쓰는 것 같은 가리개를 썼다. 무슨 꿈일까 곰곰 생각해 보았다. 아무래도 이 집에서 살다 병원에 실려 간 채 못 오고 돌아가셨다는 아주머니 꿈 같았다. 나는 얼굴을 본 적도 없지만, 그분이 기도해 달라고 그런 모습으로 보인 것만 같다. 지금까지 전대사 기간만 되면 꾸었던 꿈들로 보아 분명 하느님께 기도해 달라는 것으로 받아들였다.

옆집에 가서 아주머니에 대해서 이것저것 들으며 이름을 물으니 권사님이었다며 알려준다. 아주머니가 돌아가시고 난 후 몇 개월 만에 돌아가셨다는 할아버지를 위해서도 기도했다. 두 분을 위해서는 특별히 연미사까지 봉헌했다. 기도 받고 싶어서 팔찌까지 찾게 해주신 것 같아서 전대사를 받으면 바로 하늘나라에 간다고 한다. 연미사의 은총은 다른 불쌍한 영혼에게 그 기도가 전달되기를 간절히 바라며 기도해 드렸다. 이금희, 정복기 팔찌를 팔았다. 그 돈은 라파엘 천사기금으로 봉헌하였다. 이금희 할머니 감사합니다.

처음 보는 아주머니가 찾아왔다. 모르는 분이 살림집으로 찾아와서 좀 놀랐다. 몇 개월 전에 다리에 마비가 와서 아들 차에 실려 왔는데, 여기 원장님한테 치료받고 나았다며 호박과 가지 등을 주신다. 그렇다고 살림집까지 오셨나? 의아스럽기도 했지만 차 대접을 하였다. 오랫동안 머무르며 살아가는 얘기들을 한다. 마지막쯤에 재취 시어머니의 이야기를 하는데 50대에 오셔서 30여 년간 살다 돌아가셔서 가족 산소에 모셨다고 한다. 임종 때에도 두 내외가 머리맡에 앉아서 임종을 지켰다는 이야기를 들으며 친어머니처럼 잘 모시고 살았다는 생각에 공연히 감사하다.

성당에 다녔던 분인데 우리 집에서 사는 동안에는 성당에 안 다니셨다는 말에, 순간 며느님이 느닷없이 우리 집에 왜 왔는지를 깨달았다. 꼭 어머니의 영혼이 보낸 것만 같다.

“아주머니가 하시는 말들을 들으며 저만 알아들은 게 있어요. 어머니가 기도가 받고 싶으신가 봐요.” 성당에서 부르는 이름을 물으니 모른다며 속명을 알려준다.

‘양복명 할머니, 가족들과 마음 상하지 않으려고 신앙생활은 못하고 사셨어도, 마음속으로는 늘 하느님께 기도하며 사셨겠지요. 성당에도 가실 수 없는 형편에 얼마나 외로우셨어요? 전대사기도 정성껏 봉헌해 드리겠습니다. 부디 하느님 대전에서 평화를 누리소서. 아멘.’

전대사봉헌 하러 갈 때에는 늘 그랬지만 오늘, 여인구 마리아를 위해서 성지를 향해 가는 길은 더 숙연해진다. 여인구 마리아 어머니, 저는 당신을 모르지만 40여 년 전에 둘째를 낳다가 돌아가셨다는 말을 들으며 가슴 아팠습니다. 아드님인 베드로신부님이 유치원 다닐 때 제 딸과 짝이었던 사이로 얼마 전에야 어머니 이야기를 들었어요. 어린 남매를 두고 떠나셨을 심정을 생각하니 미사 드리러 가는 내내 마음이 아팠어요. 이미 하늘나라에서 평화를 누리고 계시겠지만 남아 있는 신앙 후손들의 정성으로 전대사를 봉헌합니다. 부디 베드로 신부님이 하느님께 맞갖은 사제가 되시길 기도합니다. 미사 중에는 눈시울이 뜨거워지도록 은혜로운 미사가 되었어요. 여인구 마리아 어머니시여, 세상에 남아 있는 저희들을 위해서 기도해 주세요.'

비티아(Catharina)님이 댓글을 올리셨는데 남기고 싶었다. 배 티 순교자 성지에서 카페활동을 하시며 기념관에서 봉사활동을 하는 신심이 깊으신 분이시다.

이분의 글에서 많은 것을 배웠다.

전대사의 은총을 아주 알차고 제대로 봉헌하고 계신 모니카님!

꿈속에서. 다양한 방법으로 자신들의 연옥의 고통을 끝내게 해 줄 전대사의 은총을 청하는 영혼들의 무언의 이야기를, 알아들을 수 있는 영적 지혜를 아버지께 선물 받으신 모니카님. 이번 전대사에서도 많은 영혼들을 연옥의 고통에서 벗어나게 해주셨군요.

잠벌의 사함을 받고 천국으로 올라가신 영혼님들 축하드립니다.

모니카님… 앞으로 남은 기간 동안 많은 영혼들을 위해 전대사의 은총을 봉헌하러 열심히 성지로 거룩한 발걸음 옮기시겠네요.

거룩한 사업 번창(?)하시길 기도드립니다.

영혼들의 참 아버지이신 하느님은 찬미와 영광 받으소서.

2014. 7.

이름을 알아야 기도해 줄 텐데

“달희야! 빨리 안 오고 뭐 하니?”

친구 집에 마실이라도 가 있을라치면 어머니가 연신 부르셨다. 앞뜰의 마주 보이는 집이어서 크게 부르면 메아리가 되어 들렸다. 하지만 나만 들리는 게 아니다. 우리집 뜰은 유난히 높아서 삼이웃은 다 듣는다.

집에 와서는 ‘엄마는 동네방네 다 들리게 불러 댄다.’고 입이 댓 발씩 나오곤 했었다. 그러면서도 어머니가 부르는 ‘달희야!’ 하는 이름이 듣기 좋았다.

지금 만일 엄마가 부르는 소리를 다시 들을 수 있다면 눈썹이 휘날리게 달려갈 것 같다. 당치도 않은 상상은 왜 하는지, 꿈속에서나마 엄마를 만나야지 다른 도리가 없다.

며칠 전에 정말 어머니 꿈을 꾸었다. 이모네를 같이 갔는데 가서 보니 우리 이모네가 아니고 나도 잘 아는 사촌들의 이모네였다. 그분 꿈까지는 꿀 리가 없다고 생각되었는데, 교황님이 오셨을 때, 전대사 기간에 꿈에 보여서 영혼을 위한 기도를 해드렸었다. 그래서일까 꿈에서도 어찌나 반가워하시는지 친 이모님 같았다. 현금이 두둑하게 든 봉투를 주머니에 넣어주기까지 하신다. 은근히 좋은 꿈이라 아침밥을 지으며 옛날 버릇이 나왔는지, 휘파람까지 불었다. 20여 명이 있는 가족 카톡방에도 '나 오늘, 엄마 꿈을 꾸어서 좋은 일이 있을 것 같다'고 너스레를 떨며 아침 인사를 하였었다.

컴퓨터 교육을 같이 받는 분 중에 성당 교우가 계셔서 수필집을 드렸다. 내 글은 하느님께 기도하는 사람이 더 공감을 하기에, 다음 날 만나자마자 반가워하시며 책장 넘기는 게 아까울 정도로 감동이었다며, 자기는 발바닥 신자라 부끄럽기 짝이 없는데 어쩌면 그렇게 신앙심이 깊을 수가 있는지 많이 배웠다고 하신다. 누구누구에게 주고 싶다고 몇 권을 더 원하셔서 드렸다.

꿈을 꾼 날, 그분을 만났다. 거절 못하게 아예 입막음을 하시며 책보다 더 많은 책값을 주신다. 아침에 예견한 대로 엄마의 꿈을 꾼 날이어서 꿈땜을 제대로 한 것이다. 알고 보니 논산에 유명한 내과병원장의 어머니이신데 86세이시다. 내가 만일 86세가 되면 저분처럼 강의를 들으러 다닐 수가 있을지 상상이 안 된다.

내 이름은 아무리 찾아보아도 같은 이름을 가진 이가 안 보인다. 아니다. 그러고 보니 딱 한 사람을 보았다. 본 게 아니라 전화상으로 만났다. 어느 골프장에 '서달희'라는 내 이름으로 부킹을 하였다. 90년대 초만 해도 비회원도 부킹을 할 수가 있었다. 그런데 하루가 지나서 모르는 남자가 전화해서 사무적인 어조로

"여보세요. 내가 서달희인데 왜 내 이름으로 부킹을 했습니까?" 하며 따지듯이 묻는다. 황당했지만 비회원이었던지라 조금 주눅이 들어서 "무슨 말씀이세요. 저도 서달희입니다."

그랬더니 조금 누그러져서 "아, 죄송합니다. 나는 누가 제 이름을 도용해서 부킹을 한 줄 알았습니다." 한다.

부킹 날짜에 골프장에 갔다. 프런트에서 황당하게 전화 받은 일을 얘기했더니 "죄송합니다. 회원 중에 서달희는 한 분밖에 안 계신데, 그 회장님도 부킹이 되어 있어서 부득불 여쭤볼 수밖에 없었다."며 미안해한다. "대한민국에 서달희가 한 사람만 있을라구요?"

궁금한 건 못 참는 성격이라 이름만 같은 다른 서달희를 검색을 해 보았다. 누구나 아는 회사의 중역이었다. 그 당시에는 초보였지만 실력을 갖춘 후에 서달희라는 동명이인이 라운딩 한 번 하자고 청해볼 걸 그랬나? 좀 아쉽다.

언제인가 아버지께 "아버지, 제 이름을 왜 달희라고 지으셨어

요?"라고 여쭤본 일이 있었다. "보름달처럼 환하게 어두운 곳을 비추며 살아가라고 지었다."고 하셨다. 그런 역할까진 못하고 살지만, 나는 내 이름 석 자, 徐達姬가 너무나 정답게 느껴진다. 여기에 세례명 모니카까지 있으니 예명처럼 사용하게 된다. 이름 이야기를 쓰다 보니 새삼 어머니, 아버지가 보고 싶어서 한숨만 토해진다.

부여성당으로 교적을 옮긴 후 어느 날 미사 후에 연배가 많은 자매님들이 모이는 안나방에 갔다. 모두 반갑게 대해 주시는 분들 중에 유독 친절하게 이야기를 하는 자매님이 계셨다. 긍정적으로 사시는 분 같았다. 표정도 밝다.

그 후에 교우들이 교통사고로 돌아가신 분을 얘기하며 안타까워한다. 박마리아라고 하는데 난 누군지를 몰라서 궁금하기만 하였다. 나도 아는 분일까? 혹시 처음 만났을 때 친절하게 대해주던 분이 아닐까라는 생각이 자꾸 든다. 궁금해하니까 사진을 보여주는데 정말 제일 건강하게 보이던 그 자매님이었다. 깊은 교류가 있었던 건 아니지만 마음이 아프다.

자비의 희년 전대사기간이 되었다. 이번엔 어느 분이 기도를 청할까? 생각하며 잠이 들었다. 생시처럼 꿈을 꾸는데 현관문이 잘 잠겼는지 확인하러 나갔다. 평소에는 문단속은 내 소관이 아니어서 그런 꿈 자체가 이상하기도 하였다. 의자에 어느 분이 옆으로 앉아 있다. 다른 때 같으면 놀라서 누구냐고 소릴 질렀을 텐데 아는 분처럼 느껴져서 어떻게 오셨느냐고 부드럽게 물었다. 이유는 말하지 않은 채 웃으며 "이제는 다시 오지 않을게요." 한다.

그분이 박마리아 자매님일 것 같다는 생각이 순간 들었다. 몇 번 뵈어서 얼굴을 아는데, 왜 옆모습만 보였을까? 궁금했지만, 그냥 박마리아 영혼을 위해서 전대사를 봉헌해 드렸다. 그분을 아는 친지들이 또 기도를 해 드렸다면 두 번, 세 번 받은 기도는 불쌍한 영혼에게 양도된다니 죽어서도 좋은 일을 하시는 거라는 생각이 든다. 하느님의 뜻 안에서 감사할 뿐이다.

어느 주일날 강론에 신부님이 이름표를 달아야 되는 이유를 말씀하신다.

'내가 죽었을 때 기억해서 기도해 준다.'

신부님의 이 말씀에 정신이 번쩍 들었다. 성당에서 만들어 준 이름표를 달지 않는 신자들을 향해서 그 사람의 이름을 모르면 누군지를 몰라서 기도해 줄 수가 없다는 말씀에 백번 공감이 되었다.

어떤 사람을 말할 때 그 사람의 이름을 모르면 어떻게 설명을 해야 할지 난감할 때가 있다. 그래서인지 요즘은 어느 단체 던지 이름표를 달고 모임을 갖는다. 이름표를 가슴에 다는 일이 어색해서 돌려서 달고 행사를 치른다. 그다음부터는 그것을 방지하기 위해서 앞뒤로 이름을 써 놓았기 때문에 꼼짝없이 이름표를 달게 된다. 어색한 것은 잠시뿐이고 감동으로 글을 읽었거나 명성만으로 알던 분을 이름표 덕분에 대면할 때면 반가운 마음이 든다. 초등학교 입학시절에 달던 기억이 나서 좀 어색하지만, 요즘에는 합리적인 방법이 되었다. 다시 어린 시절로 돌아가는 듯해서 즐겁기도 하다.

그분도 이름표를 진작 달았더라면 박마리아 영혼을 위해서 더 일찍 기도했을 것 같다. 그런데 나는 지금까지도 미사 시간 동안도 이름표를 안 다니 무슨 조홧속인지, 아직도 쑥스러워서일까? 기억해서 기도해 준다는데 다시 시도해 봐야겠다.

4

울 밑에 귀뚜라미 우는 달밤에

아름다운 세상을 바라며

소나, 돼지, 닭들이 저토록 잔인하게 사육되는 줄을 몰랐다. 상상도 못했다. 넓은 곳에서 동물 특유의 자유로운 방법으로 길러지는 줄 알았다. 돼지 이빨을 뽑고 꼬리를 잘라내고, 소도 거세를 하고 인공으로 수정시켜 번식을 하게 하고, 닭 또한 달걀을 쪼아댄다고 병아리 때 부리를 잘라낸다고 한다. 구두를 만들기 위해서 새끼 송아지를 바로 죽여서 가죽을 벗기는 장면들을 보며 또 한 번 TV 시청한 것을 후회하였다.

몸도 움직이지 못하는 좁은 공간에다 가둬서 길러야 더 많이 빨리 키우게 된다니 끔찍하다. 말 못하는 동물이라고, 더 많은 돈을 벌려고, 동물보다 못한 인간 이하로 사는 농장주들을 보는 것조차 괴롭다. 우리나라만 그런 것이 아니고 미국의 큰 농장에서도 인간이기를 포기하고 돈 버는 데만 급급한 사람들을 보며 할 말을 잃게 된다. 채식주의자로 사는 게 행복하다고 하는 외국인을 보면서 느끼는 게 많다.

베지 닥터(채식주의자)의 채식 위주로 생활하면 앓던 병도 낫는다는 말이 맞는 것 같다. 우리는 왜 개는 사랑하고, 돼지는 먹고, 소는 신을까 우리나라는 개도 보신탕이라고 먹으니 사랑하는 것만은 아니다. 젖소가 자기를 죽이려는 걸 알고 700킬로의 몸을 날려 담장을 넘어서 도망쳤다. 40일 동안을 잡히지 않았다는 말을 들으면서는 순한 눈을 가진 소가 연상이 되어 슬프다.

어릴 적에 소나 돼지를 키우는 것을 보고 자랐다. 구수하게 소죽을 쑤어서 여물통에 그득하게 부어주고, 한 마리의 돼지지만 넓은 우리에서 키웠던 생각이 난다. 소와 돼지의 털에서 반질반질 윤기가 났다. 하루에 한 번씩 따뜻한 달걀을 꺼낼 때는 행복하기도 했다. 그중에 닭 한 마리가 알을 어디다 낳는지 도저히 찾을 수가 없었다. 포기하고 있었다. 그런데 어느 날 노란 병아리를 10여 마리나 몰고 왔다. 그때 얼마나 놀라고 또 기뻤는지 모른다. 어머니는 아직 어리다고 방안에서 며칠을 더 키웠다.

어느 시인의 닭 농장의 모습을 보면서는 행복하였다. 닭님들이라고 부르며 풀어놓고 키우는 장면은 눈물이 날 정도로 감동적이다. 이동각 시인의 말에 의하면 밀집해서 키우지 않고 넓은 곳에서 키우면 짐승들이 병이 안 걸린다고 한다. 가축농장에서 모두 그렇게 키운다면 구제역이란 무서운 병도 없어지겠지.

몸도 못 움직이는 공간에서 꼬리 잘리고, 거세당하고 부리 잘리고, 죽지 못해 자란 고기를 먹고 살았다는 생각을 하니 기가 막혀 말이 안 나온다. 이러니 사람들에게 온갖 병이 생기는 게 아닐까? 넓은 초원에서 맘껏 뛰놀며 자란 소나 돼지, 닭들의 고기는 이젠 영영 먹을 수가 없나 보다. 그렇다면 육식을 하지 말고 채식 위주로 살아야 할 것 같다. 독이 서린 동물들의 고기를 먹고 병에 걸리느니 안 먹어야 되는 게 정답일 것 같다. 그러고 보니 넓은 방목장에서 뛰어다니던 소들을 구경한 지가 아주 오래전이란 걸 알게 되었다.

안동에서 소들을 가족처럼 애정으로 키우는 분을 보고 나니, 그나마 작은 위안이 된다. 횃대에서 아침을 알리는 새벽닭의 울음소리를 듣고, 짚으로 만들어 준 바구니에서 따뜻한 달걀을 꺼내던 일들이 새삼 그립다.

구제역이 창궐하여 살아있는 소나 돼지들이, 생명이 붙어 있는 채로 죽음의 웅덩이로 매몰되는 모습을 보며 사람이 죽는 것만큼이나 마음이 아팠다. 그 엄청난 숫자들을 보면서는, 이 시대에 살고 있다는 게 죄인처럼 느껴지기도 했다. TV가 원망스러워 뉴스를 외면하기도 했지만, 그 기사를 살판이나 난 것처럼 시간마다 보도하는 방송이 싫다는 생각도 들었다. 뉴스를 보면서는 우리나라 가축이 씨도 없이 다 죽어가는 줄 알았다. 대다

수의 국민들이 그렇게 느꼈었다. 그러나 전체 가축의 0. 몇 퍼센트인가(?)라는 말을 듣고는 안심이 되었다. 적당히 보도하고 어떻게 하면 될지를 고민하는 게 아니고 과장된 화면만 계속 보여주고 있는 뉴스들이 더 문제인 것 같다.

구제역이 발생했다가 지금은 전혀 일어나지 않는 나라가 대만이라고 한다. 구제역이 처음 발생했을 때, 엄청난 대가를 치르고는 곧 정부에서 모든 사육농가에 예방차원에서 소독할 수 있는 기계를 다 설치하라고 법을 정했다고 한다. 누구든지 그 농가를 드나드는 사람이면, 다 소독기 앞을 거쳐야만 들어갈 수 있게 만들고 농가 주인도, 사료 배달하는 사람도, 가축을 팔고 사는 사람도, 소독을 하고 드나들게 만든 후부터는 한 번도 구제역이 발생하지 않았다고 한다. 그 설치비용이 일천만 원 정도라는 말을 듣고, 강제로라도 그 법을 만드는 게 좋겠다는 생각을, 구제역 발생 기간 동안 수도 없이 해보았다.

그런데 강제로 하라고 하면 이미 누구든지 데모라는 단어와 행동에 익숙해졌는데 농민들도, 또 데모를 하지 않을까 걱정도 된다. 사료 값도 없는데 무슨 그런 것까지 설치하라고 하느냐고, 그러면 아까운 짐승 다 죽이고 보상해 주느라고 엄청난 돈을 쓰지 말고, 미리 그 돈으로 정부에서 설치해 주면 어떨까 하는 생각이 다 든다. 아무런 힘도 없는 사람이 말해본들 무슨 소용이 있나?

우리나라에도 가축들을 일부러 열악한 환경에서 사육하는 농장주들이 많다고 들었다. 그래서 구제역이 더 창궐하는지도 모르겠다. 그런 농장주들은 동물 학대죄로 벌을 주든지, 아니면 하룻밤만이라도 오물이 질펀한 그 우리에서 꼬박 서서 새우라고 가둬 놓으면 어떨까.

모든 일이 마음먹기에 달렸다는 것을 요즈음 많이 느낀다. 좋아하는 음악만 나와도, 파란 하늘에 구름만 흘러가도, "아, 행복하다!"는 말을 버릇처럼 달고 살았더니 행복하고 기쁜 일들이 많이 생긴다. 신문이나 방송에서도 나쁜 일보다는 좋은 일만 많이 보여주면 이 사회가 그런 쪽으로 바뀌지 않을까?

아름다운 그림과 좋은 글을 자주 접하다 보면 사람들 마음이 순화가 되리라고 믿는다. TV나 컴퓨터를 열면, 아름다운 풍경이나 이야기들로 채워지는 날은 언제쯤이나 올까? 과연 그런 날이 올 수는 있는 건지 의문이긴 하다.

국민 한 사람 한 사람이 지금보다 두 배로 착한 마음씨를 갖도록 노력한다면, 이 세상이 바뀔까? 후손들을 위해서라도 착하게 살고 있는, 우리 민초들이 묵묵히 더 착하게 살아보자. 그 밖에는 방법이 없을 듯하다. 아름다운 세상, 보고 죽어야 할 것 아닌가?

오늘 문득 할머니가 보고 싶네

수요일 밤에 「로비스트」를 보다 말다, 잠이 들었는데 며느리가 전화를 했다. 금요일에 서진이를 데려가도 될지 묻는다. 잠결에 받은 전화여서 시간을 잘 몰랐는데 오전에 데려온다는 말이었다.

새벽에 고려대 이공대 안을 산책하는데 예쁜 새가 나뭇가지에 앉아서 노래를 한다. 어릴 적 고향집 웅덩이 나뭇가지에 앉아 노래하던 파랑새처럼 느껴지지만, 파랑새일 리가 만무하다. 그래도 새벽에 새 한 마리 만난 게 너무 좋아 한껏 기분이 좋아진다. 산책길에 하루의 에너지를 다 충전한 것만 같다. 밤에 비가 왔는지 촉촉한 길에 떨어져 있는 노란 은행잎들도 더 정감 있게 느껴진다. 그런데 청소 아저씨가 한 잎도 남기지 않고 싹싹 쓸어버려서 안타깝다. 며칠만이라도 그냥 두면 좋을 텐데,

부지런히 돌아와 아침밥을 짓는데 벨소리가 난다. 생수 아저

씬가? 문을 열어주니 손자가 대문 안으로 쏘옥 들어온다. 어쩜 이렇게 반가운 일이, 서진 에미가 전하는 말

"어머니, 서진이 가요. 오면서 뭐라고 했는지 아세요? 오늘 문득 할머니가 보고 싶네~ 하였어요."

돈으로는 살 수 없는 이런 행복을 어디서 얻을 수 있으랴. 고맙고, 감사할 뿐이다.

서진애비도 결혼하고 9년 만에야 낳은 아들이어서 그런지 남다른 애정을 쏟는다. 서진이가 태어나고 미국으로 6개월간의 긴 출장을 떠나면서 애비가 서진이 사진을 핸드폰에 저장하고 넣은 문구가

'내 사랑을 받아랏!' 하는 글이었다. 얼마나 정감 있는 러브레터인지, 정말 사랑이 듬뿍 담긴 애정표현이다.

아들딸 때문에, 선영이 경원이 때문에도 원없이 행복을 누렸지만 이젠 서진이 때문에 이 세상을 살아간다는 자체가 행복이어라. 서진이가 날마다 문득 할미가 보고 싶어지도록 정을 듬뿍 주는 할미로 살아가야지. 새벽 산책길에서도 파랑새를 또 만날 수 있다면 얼마나 행복하리.

2007. 10

게임에 빠진 남자들이 문제다

우리 아들이 초등학교 5학년 때인지 전자오락실이 생겼다. 그 당시 학교에서는 전자오락실 가는 아이들을 불량배들이나 다니는 곳으로 인정을 했기 때문에 공부 좀 한다는 아이들은 감히 못 다니는 곳으로 알던 시절이었다.

집만 나가면 우후죽순처럼 생긴 전자오락실이 사방에 진을 치고 있다. 우리 아이도 무척 들어가 보고 싶은데 마음이 약해서 엄두를 못 내는 것 같았다. 그런데 얼마나 가고 싶을까 하는 생각이 들었다. 내가 아들 입장이라고 해도 가보고 싶을 것 같았다.

그래서 죄의식을 가지고 가기 전에 내가 미리 가서 오락하라고 동전까지 주었다. 100원짜리로 3개쯤 주면서 많이 하지 말고 조금만 하고 오라고, 아무래도 친구들과 어울려 갈 것 같은데 죄 짓는 마음으로 다니는 게 싫어서, 미리 배려를 한 것이다.

고3이 되었다. 게임방에 가면 집에 올 줄을 모른다. 전자오락실에서 컴퓨터 게임으로 바뀌었는데 100원만 넣고 시작을 하면 언제까지고 계속해서 다른 아이들이 그 게임기를 하고 싶어도 못한다고 하였다. 나중에는 주인이 사정사정해서 다른 게임기로 바꿔준다고 하였다.

"어머니 걔는요. 한번 시작하면 끝이 안 나서 다른 애들이 그 게임을 하고 싶어도 못해요." 하며 친구들이 일러바치기까지 한다.

그래서 책임감을 주려고 중3 아이를 맡아서 가르치게 되었다. 시간 맞춰 들어오게 하려고 한 일인데 소용이 없었다. 컴퓨터 게임 때문에 속 썩은 걸 생각하면 지금도 화가 난다.

그날도 학생은 와서 기다리고 있는데 가르쳐야 할 선생이 없어서 화가 많이 났다. 지금 이대로 나가서 찾게 되면 따귀라도 때릴 것 같아서 마음을 가라앉히려고 천천히 주모경(주의 기도, 성모송, 영광송)을 외우며 찾으러 나갔다. 한 집 건너 오락실이 많았는데 집에서 먼 곳부터 갔다.

끝으로 찾아간 곳이 고려대학교 이공대 후문 앞이었는데 넓은 곳을 둘러보아도 보이지를 않아서 이 집에도 없나 싶어서 나오려고 하는데 한쪽에 학생들이 빼곡히 둘러서 있는 곳이 있다. 저기는 뭘까 싶어 헤치고 들어가 보니 세상에, 그곳에 아들이 앉아서 게임을 하는데 둘러선 아이들 입에서 야! 야! 하는 감탄사가 계속 터져 나오고 있었다. 당장 일으켜 세우고 싶었지만 아이들도 재미있게 보고 있고 아들도 빠른 손동작으로 게임에 빠져 있어서 나도 한참을 보고 있었다. 무슨 축구 시합인 것 같았는데 언제까지 기다릴 수가 없어서 이제 그만해라, 하며 귀를 잡아당기니 머리를 긁적이며 따라 나온다.

대학입시를 잘 보게 하기 위해서 또 그 당시는 컴퓨터가 꼭 게임만이 아니기에 대학에 입학하면 컴퓨터를 사주겠다고 약속을 했다. 그랬더니 컴퓨터가 얼마나 가지고 싶었으면 대학시험을 내일쯤 보면 좋겠다고 한다. 아직 여름이었는데,

게임에 빠진 결과로 재수를 하게 되었다. 재수학원을 다닐 때 목표를 서울대가 아닌 Y대로 정했다고 친구들한테 말하였다고 해서 그마저도 감사하였다. 나름 정신을 차렸는지 Y대에 장학생으로 입학이 되었다. 속 터지던 일은 봄눈 녹듯 사라지고 기쁜 마음에 컴퓨터를 사주었다. 나도 그것을 간간 쓰고 있었는데 결혼하면서 가지고 가니 몇 년 동안 컴퓨터 없이 지내며 이메일 보낼 일이 있으면 PC방에 가서 이용하곤 했다.

대학에 가서는 나름 열심히 하여서 장학금도 받게 되었다. 그런데 교수님이 너희는 아버지가 한의원을 하셔서 형편이 좋으니까 어려운 학생에게 장학금을 양보하면 어떻겠느냐고 의논을 하신다며 이야기를 한다. 솔직히 아이들 둘이 대학생이라 힘에 벅찼지만 그렇게 하자고 하였다.

눈을 아껴야 된다는 생각에 컴퓨터 구입을 미뤘는데 하루는 아들이 한의원에 컴퓨터가 있어야 된다고 컴퓨터를 사다가 설치하고 아버지께 의료보험 신청하는 것도 가르쳐 드렸다. 내가 한 달 동안 케냐여행을 하고 왔는데 남편이 백화점에 가서 옷을 사 주겠다고 하여서 무슨 일일까 싶어 따라갔다. 말 나온 김에 마음먹고 투피스 두 벌을 샀는데도 당연한 듯이 옷값을 치르기에 별일이 다 있네 싶었다. 이유는 몇 년 동안 청구 안한 침 시술비를 한번에 다 받았다고 한다.

"분도야! 너 아빠한테 효도했구나! 그 덕에 나까지 옷 부자가 되었단다."

요즘은 좋은 노트북 들고 해외로 출장 다니며 얼마나 즐겁게 게임을 할지 상상이 되지만 이젠 내 손에서 벗어난 일이니 회사에서 쓸모있는 연구원이 되기를 바랄 뿐이다.

아이들한테 강제로 못하게 말리는 것은 죄의식을 심어 주는 것 같아서 게임하고 오라고 한 일이 잘한 일인지는 글쎄, 너무 구속하는 것은 오히려 주눅 들게 하는 것 같아서 한 일인데 남편은 반대했었다.

컴퓨터 게임 때문에 온 세상 젊은이들이 다 거기에만 몰입되는 것 같아서 걱정이 되고 새로운 사회문제로 심각하다. 심지어는 결혼한 남자들도 게임에 빠져 있으니 가정마다 불화가 생기고 여기저기서 못 살겠다는 비명들이 들려온다.

우리 할아버지 시대에는 마작이니 하는 놀음 때문에 여자들이 근심 속에 살았고, 아버지들 세대에는 화투로 하는 놀음 때문에 패가망신하는 집들도 보게 되었다. 그러던 것이 이제는 게임이라는 놀음이 생겨서 여자들을 힘들게 하고 있다. 하지만 컴퓨터 공학이라는 학문도 생겨서 세상을 발전시키니 무조건 나쁘다고 할 수만은 없을 것 같다. 적당히라는 말처럼 사용하면 좋을 텐데 놀음처럼 하니 문제일 뿐이다. 어찌 되었든 게임에 빠진 남자들이 문제다.

빨간 공처럼 퐁 솟아오른다

여름방학에 시간이 없어서 못 온다는 손자를 만나러 갔다.

옛날 같으면 방학만 되면 너나 할 것 없이 시골에 사는 할머니 댁에 가는 것이 기다려지는 행사였다. 우리 아이들이 어릴 때는 나까지 방학을 기다렸다. 시골에 갈 일들이 즐거웠기 때문이다. 고향의 부모님들도 애인 기다리듯, 손자들이 오기를 손꼽아 기다리셨다. 시절이 이상하게 돌아가다 보니 학원이란 굴레에 묶여 할머니 댁에 가는 여행도 없어지고 있다. 방학에 시간이 안 된다는 말이 낯설게 들렸는데 평일은 물론 주말에도 못 온다는 말이 이해가 안 되었었다. 학원이 주말이라고 강의를 안 하면 그 학원은 문을 닫아야 한단다.

서진애비는 학원 문턱도 안 가보고 학업을 마쳤다. 초등학교 5학년이 되었을 때 과외공부 금지법이 생겼다. 일설로는 대통령이 아들 과외 공부를 안 시키려고 과외를 금지시켰다고 하였다.

참 잘 되었다고 좋아하였다. 누구나 과외를 안 하리라고 생각하였다.

그런데 과외가 금지되니 비밀장소에서 몇몇씩 모여서 과외를 한다. 그게 더 심각한 폐단이었다. 아들이 중학교 2학년이 되었을 때 부족한 과목이 있기에 한 과목만이라도 학원 강의를 들으면 어떨까 물으니, "엄마, 학원에 다니면 큰일 나요. 선생님이 절대 다니면 안 된다고 했어요." 한다. 그런 연유로 과외나 학원에 안 다니고 학업을 마쳤다. 너무 고지식하게 재학시절을 보내게 한 것 같아 아쉬움도 남는다. 엄마가 극성맞지 못해서 남들은 몰래몰래 다 하는 과외를 못 시켰다. 첫해 대학입시에 떨어졌다. 그래서 결국은 재수학원에 다녔다. 재수는 필수, 삼수는 선택이라지만 남들처럼 비밀과외를 시켰으면 재수는 안 했을 것 같다. 종로학원에서는 성적표와 아이큐 검사지를 가져오라고 하며 등록을 받아준다.

에미가 하소연을 한다. 서진이가 학원비까지 내고 등록을 해 놓아도 꼭 필요한 것만 가고 그 이상은 안 간다고 한다. 그래도 밤 10시에 끝난다고 하였다. 더하려면 12시가 되어서야 집에 온다고 한다. 속으로 손자의 고집이 다행이다 싶었다. 너무 힘든 것 같아서.

서진이의 이유를 들어보니 동서양 위인들의 이름을 열거하며 이렇게 훌륭한 분들이 학원에 다녔느냐며 학원 가기를 거부한다고 한다. 에미가 그때는 학원이 없었으니까 안 다녔겠지, 옛날 선비들이 서당이나 향교에서 몇십 년 글공부 한 것이 학원이나 마찬가지라고 설명을 해 주지만, 서진이의 고집을 못 꺾는다.

초등학교 6학년 때 손자가 설날에 왔을 때이다. 우리 집 옥상에서도 해 뜨는 모양을 볼 수가 있을 것 같아서 서진이와 같이 올라갔다. 혼자 올라가는 게 부담이 되어서 마음뿐이었다. 어두워서 할머니 혼자는 옥상에 못 올라간다고 하였더니 눈을 비비고 일어나서 같이 올라가 준다.

해가 떠오르는 순간을 놓칠까 봐 유심히 보고 있었다. 찰나에 빨간 공처럼 퐁 솟아오른다. 1초라도 한눈을 팔았다면 그 장면을 놓치고 말았을 것이다. 서진이가 연속으로 몇 컷을 찍었다. 멀리서 솟는 해를 폰으로 찍어서 흐리지만, 층계만 몇 개 올라가서 볼 수 있다는 게 감사할 뿐이다. 할머니는 너희 엄마 건강하게 해 달라고 소원을 빌었는데, 너는 무슨 소원을 빌었느냐고 물으니 웃으며 학원 많이 안 다니게 해달라고 빌었단다. 공부하는 게 어깨가 너무 무거운 듯싶어서 안타깝다.

어미에게 “서진이가 설날에 해돋이를 보며 소원을 빌라고 하였더니 학원 많이 안 다니게 해 달라고 빌었단다.” 했더니 “소원이 이뤄졌네.” 하며 웃는다.

5년 전 8월에 이사를 하였었다. 그 후에 서울을 가려고 새벽에 출발하였다. 주택들을 벗어나 큰길로 나왔다. 순간 차창으로 함지박만 한 해가 떠오르는 광경이 보인다. 얼마나 놀랍고 경이로운지 차 밖으로 나와서 보고 또 보았다. 여러 곳에서 해돋이를 경험하였다. 하지만 부여 우리 마을에서 양팔로 안을 수도 없이 큰 해맞이를 하리라곤 상상도 못했다. 평생 잊지 못할 장면이었다. 설날 새벽에도 그런 해를 상상하며 올라갔었다. 그런데 축구공만 한 해가 솟았을 뿐이다. 장소가 먼저 보았던 곳이 아니라서 그럴까? 고개가 갸우뚱해진다.

"서진아! 이상하다. 할머니가 몇 년 전에 보았던 해는 두 팔로 안을 수도 없이 크게 보였었어." 하자, "아마 계절에 따라서 크기가 다를 거예요." 한다. "그런 거야? 그럼 여름에 한번 올라가 볼게" 하였었는데 9월이 다 가도록 못 보고 있다. 추석에 손자를 또 만났지만, 보름날 새벽엔 날씨가 흐려서 시도조차 못하였다. 어둑한 새벽에 깨우기가 안쓰러웠는데 차라리 잘 되었다는 생각도 들었다.

2012년, 부여에서 본 여름의 해맞이는 평생 잊지 못한다. 가슴에 한 컷 사진으로 남아 있다. 영원히 퇴색하지 않는 영상으로.

하느님께 감사!

2016. 9

내 사전에 거짓은 없다

90년대 상록 컨트리에서 라운딩할 때였다. 어디에서 왔는지 버려진 것처럼 보이는 개가 우리 팀을 따라다니고 있다. 다음 홀로 갈 때에는 우리보다 먼저 가서 기다린다. 캐디 말이 어디에서 왔는지 며칠 전부터 자기만 따라다닌다고 했다. 개도 자기를 버리지 않을 사람으로 알았나 보다. 어느 몹쓸 주인이 병들었다고 내다 버렸을까?

남편이 티샷을 멋지게 날렸다. 그러자 개가 뛰어가더니 그 공을 덥석 물고 앞으로 걸어간다. 네 사람이 동시에 소리를 질렀다. "야! 그 공 거기다 놓고 가" 들은 척도 안 하고 계속 앞으로 간다. 더 크게 소리를 질러대자 힐끗 돌아본다. 상황이 더 물고 가다가는 쫓겨날 것 같은지 얌전히 내려놓고 언덕으로 올라가서 앉아 있다. 그때 잠정구를 다시 치고 어떻게 하나 두고 볼 것을 공연히 아우성을 쳤나 싶기도 하다.

그냥 두었으면 홀컵까지 물고 가서 홀인시켰을까? 새가 물어다 넣었다면 버디지만 개가 물어다 넣어주었으면 뭐라고 해야 되나? 새삼 그 장면들이 떠오르며 동반자들이 보고 싶다. 율리안나 형님은 이미 하늘나라에 계시고 한 분은 골프를 접었으니 남편과 둘이 옛날 얘기를 나누며 다닐 수밖에 없는 현실이 안타까울 뿐이다.

파크골프 경기 중이었다. 4명이 한 팀이 되어 치고 있는데 다른 지역에서 온 두 여성 골퍼가 번갈아 오비를 낸다. 안 되겠는지 내 옆으로 오더니 오비가 나면 봐주자고 한다. 오비 날 적마다 벌타 2타씩을 빼자는 얘기다. 그 경기에서는 선수들 스스로가 기록을 할 때였다. 하도 황당한 얘기여서 어안이 벙벙하였다. 친선경기를 할 때면 타수를 말할 때 한 타씩을 줄여서 말하는 경우는 보았다. 그러나 경력이 있는 동반자는 알고 있다. 거짓을 말하고 있는 것을, 그냥 모른 척할 뿐이다. 동반자 중에 정직이 몸에 밴 선수는 캐디가 한 타를 줄여서 적으면 제 타수를 알려준다. 반대로 비양심인 사람은 자기 타수인 양 가만히 있다. 그 사람과 한 팀이 안 되기를 바랄 뿐이다. 즐겁지가 않기 때문이다.

오비를 내놓고 안난 걸로 하자는 얘기는 난생처음 듣는다. 이런 말 듣는 자체가 공연히 부끄럽다. 해서는 안 될 말을 하고 있다. 그것도 귀한 아들, 딸을 키웠을 어머니인 여성 골퍼가, 그런데 나한테는 씨도 안 먹히는 얘기다. 미안해할까 봐 화를 안 내고 가만히 듣기만 하는 것도 인내심이 필요했다. 충주에서 온 선수는 나보다 한술 더 뜬다. 그런 말이 어디 있느냐고 정색을 한다. 나도 물론 오비를 냈다. 그러니까 같이 거짓말을 하자는 것이겠지. 차라리 경기에 나오지 말 사람들이 나와서 스스로에게 부끄러운 말들을 하고 있다. 파크골프의 순수한 목적이 경기로 인해서 타락된다면 본래의 목적인 앉아만 있는 노약자들을 위한 운동으로 되돌려 놓아야 한다.

부여 군수배 경기를 할 때였다. 파 파이브에서 내가 두 번째 친 공이 살짝 오비가 났다. 안타까웠지만 할 수 없는 일이었다. 기록자가 조금 벗어났으니 그냥 치라고 하였다. 하지만 난 용납이 안 되어 스스로 오비로 처리하고 다음 샷을 하였다. 먼 곳이었는데 멋지게 홀인한다. 그때의 뿌듯함이란, 만일 오비로 처리하지 않고 이글을 했으면 두고두고 찜찜한 경기였을 것이다.

90년대에 KPGA 골프 경기장면을 TV로 생중계하고 있었다. 상위권 선수였는데 모 선수가 기록카드에 1타를 줄여 적은 선수가 있었다. 그것이 발각되어 그 경기에서도 탈락이 되었지만 3년이라는 자격정지의 중징계를 당했다. 내가 다 부끄러웠다. 그 후에 어떤 경기를 하고 다녔는지는 기억이 없다. 다만 그날의 경기 모습만 또렷하게 생각나며 지금도 이름이 기억되는 비굴했던 선수로만 남아 있다.

모든 일에 정직이 기본이 되어 있어야 떳떳하게 일상생활을 할 수가 있다. 입만 열면 거짓을 말하는 이들이 너무나 많다. 양심이 시키는 대로 해야 되는데 어떻게든 거짓을 말하면 임시방편은 될지 모르지만 자기는 알고 있지 않은가? 스스로에게 정직하게 살다 가야지, 흙으로 사라질 몸, 무엇 때문에 거짓을 말하며 살다 가려고 하는지, 이해가 안 될 뿐이다.

내 신앙의 길잡이가 되시는 분과 어떤 사안을 놓고 진위를 가릴 때가 있다. 그런 경우 내가 그건 이렇게 된 일이었어요. 한 말씀 드리면 그것으로 오케이! 라는 말이 나온다. 모니카가 그렇다면 믿지, 하신다. 몇십 년 지내는 동안에 서로 간에 행동들을 보며 쌓아온 신뢰이다. 나 역시 그분의 말은 토하나 달지 않고 인정을 한다. 상호 간의 신뢰가 쌓이면 분분하게 가부를 논할 일이 없다.

파란 하늘과 하느님이 내려다보시는 앞에서 거짓을 하자고 하면 숨 쉬며 살 자격이 있는지, 남의 집에서는 지푸라기 하나라도 들고 와서는 안 되는 일처럼 같은 맥락이다. 내가 너무 지나친 것일까? 그래도 내 사전에 거짓은 없다.

4년 전에 내 파크골프채를 가져가서 나를 황당하게 만든 사람은 누구였을까?

• 이구아나가 물고 간 공.

• 새가 물고가다 떨어트린 공이 갤러리 중의 어떤 사람 주머니에 들어갔다.

• 날아가는 새를 맞추어서 공이 사라졌다.

• 매기가 물고 가다 물에 떨어트렸다.

이런 경우 원래 있던 자리에다 리플레이 한다.

실제 장면들을 텔레비전 화면으로 보는데 어느 갤러리 주머니로 들어가는 공을 보며 마술을 보는 듯 즐거웠다.

2020. 7

미숙아 쌍둥이들의 고통

며칠 동안 TV에서 770그램과 710그램으로 태어난 쌍둥이 미숙아의 이야기를 보며 가슴이 저릿저릿 얼마나 아파 오는지 눈물이 쏟아진다. 전혀 몰랐던 미숙아들의 고통을 보며 '오! 주여 도와주소서.' 하는 말만 수없이 그야말로 수없이 되풀이하였다. 그 착한 엄마 아빠의 기도를 들어주시기를 간절히 기도했다.

수술받고 고통으로 제대로 울지도 못하고 얼굴을 붉히는 애기를 볼 때는 내가 왜 이 프로를 보게 되었나? 한숨만 나왔다. 그래도 한 가닥 희망, 설마 죽지 않고 건강한 아이로 다시 태어나겠지. 희망을 갖게 된다. 1.5킬로그램이 되어서 인큐베이터에서 나오던 날, 의사의 치료에 존경심이 생긴다. 젊은 여의사의 정성이 그 어린 생명을 살렸다는 생각이 들었다. 물론 하느님의 도우심이 있었다고도 믿고 싶다.

또 태호라는 아이, 양팔이 없이 태어난 그 아이는 8살이라는데 어쩜 그리 말을 잘하고 명랑한지 기가 막혀 한숨만 나왔다. 발가락으로 수저를 잡고, 밥알 하나 흘리지 않고 입 속으로 밀어 넣는 모습을 보며 목석이라도 눈물을 흘리지 않고는 못 볼 장면이었다. 데굴데굴 굴러다니며 생활을 하지만, 스님들의 정성으로 건강하고 행복한 생활을 하고 있다. 내가 20대일 때 조카 요한이를 돌보던 생각이 주마등처럼 스친다. 10여 년이 넘게 늘 누워서만 지내던 요한이 생각에 눈앞이 흐려온다.

태호는 어느 철부지 여고생이 낳아서 버렸다는데, 부모들이 딸들에게 얼마나 올바른 성교육을 시켜야 되는지 경각심을 불러일으키는 계기가 되었으면 좋겠다는 생각이 들었다. 죄의식을 가지고 태아를 키웠기 때문에 그런 모습으로 태어난 것 같은 마음이 들어 더 가슴이 아프다.

이 정도로라도 아픈 장면들을 토해내고 나니 마음이 조금 가벼워지며 성당 주보에서 본 마종기 님의 시가 떠오르며 평안해짐을 느낀다.

영광

당신이 내게 오시네. 한겨울의 함박눈으로
겸손의 참모습으로 땅에까지 내리시는 영광.
당신이 태어나심으로 내 세상 다시 시작되었네.

함께 계시겠다는 약속이 내 죄 모두 씻어주었네.

- 마종기 노렌조(성당 주보에서)

2005. 12.

목소리로 전해 받은 송년카드

연말이면 대문 안으로 풀풀 날아들던 카드가 언제부터인지 메시지로, 카톡 문자로 바뀌었다. 물론 반갑지만, 카드보다는 정이 덜하다는 느낌이었다. 받는 나도, 보낼 때에도 뭔가 허전한 느낌이었다. 송년인사, 새해 인사뿐이 아니고 좋은 글들이 매일 들어오는 카톡 문화가 하루를 열고 있다. 새로운 문화라고나 할까, 보내주는 글들이 감동으로 다가올 때는 나만 읽기가 아까워서 누군가와 공유를 하게 된다. 그런데 시간이 없을 때는 공해로 느껴지기도 하여서, 보낼 때는 받는 사람의 입장도 헤아려져서, 보내기를 멈추기도 한다. 하도 빨리 변하는 세상이라 이런 문화가 언제까지 계속될지는 모르겠다.

2019년도 연말이 되었다. 새해인사와 곁들여진 아름다운 송년인사가 카톡 카톡 들어온다. 행복하고 감사한 마음으로 읽게 된다. 어쩌면 그렇게 아름다운 글들을 만들었는지 읽는 순간만이라도 보내주신 분을 생각하며 감사하다.

연말을 앞둔 저녁에 한가한 시간을 보내고 있었다. 휴대폰이 울린다. 반가운 분의 전화가 뜬다. 송년인사 문자라도 보내야지 하던 참이어서 더 반가웠다. 여전히 사람을 행복하게 하는 음성이 들려온다. 목소리가 아름다우시니 재능방송을 하시는 게 천직처럼 느껴진다.

월요일 새벽이면 6시경에 차를 타고 운동을 하러 간다. 20여 분 가는 동안 '생활의 지혜'와 '인생은 아름다워' 코너가 실생활에 많은 도움과 활력을 준다. 그래서 자연히 관악방송을 듣게 되고 운동하러 가는 길이 더욱 행복해진다. 그 자리에 오래 계시면 좋겠다.

문자로 인사를 하려다가 올해는 음성으로 카드를 보내려고 10여 명한테 전화를 돌리는 중이라고 하신다. 그 말이 얼마나 신선하게 들리는지 감동으로 다가왔다.

'목소리로 보내는 카드'

평상시에 통화는 하지만, 송년에 보내는 카톡 대신이라는 말에 얼마나 기발한 아이디어인지 그 카드를 받고 나서 저녁 내내 행복했다. 그 여운이 남아서 2020년 새해에도 계속 행복한 일이 많을 것 같다.

자연이 주는 행복

오이를 따려고 넝쿨을 들추니
이미 오이의 상큼한 향이 코끝에 다가온다.
오이를 한입 물었을 때보다 더 기쁘다.

생강 잎을 살짝 스치니 고유의 생강 냄새가
큰 행복으로 다가와 심신을 안정시킨다.
자연의 신비일 뿐이다

하느님, 식물 한 포기 한 포기에 향기를 주셨음에
찬미를 드립니다.
해돋이에서 해넘이까지 찬미 영광 받으소서.

울 밑에 귀뚜라미 우는 달밤에

추석 전날이면 가족들을 만나는 기쁨에 마음이 들떠 있는데 아무도 올 수 없는 하루가 다 지나가고 있다. 남편과 둘이서 쓸쓸하게 추석 전날 밤을 보내고 있다. 태어난 후 가족이 오지 않는 추석은 처음 겪는 일이다. 손자가 사는 같은 서울이었으면 겪지 않을 일을 부여로 이사 온 탓에 겪게 되니 이번만은 이사 온 것이 후회가 된다.

이번 추석에는 고향 가는 것을 중단하라고 온 매체에서 떠든다. 코비드19의 확산을 막기 위해서라고 하니 엇박자로 나갈 수도 없고, 모두가 조심하는 수밖에 없다. 외국에서는 하루에 일천 명씩 죽어서 관이 쌓이는 것을 보며 대재앙 앞에 할 말을 잃고 기도하게 된다. 추모관이나 성묘도 가지 말라는 부탁이다.

TV에서는 국민가수 나훈아가 15년 만에 코비드19로 지친 국민들을 위해서 노개런티로 방송 무대에 출연한다고 대대적으로 홍보를 한다. 기다릴까 하다가 초저녁잠이 많아서 포기하였다. 가족들이 모였다면 잠을 쫓고 시청하였겠지만 이미 하품이 나기 시작하니 재방송을 봐야지 하는 마음이었다. 그런데 재방송을 안 한다는 기사가 뜬다. 이왕 지친 국민들을 위한 무대라면 어떤 이유로든지 방송을 못 본 팬들을 위한 배려가 있었으면 하는 마음이 들지만, 안 한다는데 별도리가 없다.

유독 어머니를 그리는 노래가 많은 가수이다. 특히 「홍시」란 노래와 '어 메 어 메 우리 어 메'라는 가사만 들어도 눈물이 나게 만든다. 머리가 희끗한 가수가 부르는 노래를 들으며 엄마 생각에 가슴이 허전해지곤 했다.

엄마가 살아 계실 때에, "엄마! 나는 왜 발바닥이 아픈지 모르겠어요?" 하면 "병원에 가봐라, 오래 두지 말고~" 하며 발을 주물러 주시곤 했다.

70년대에 이미 어머니가 떠나시고 난 뒤에 자동차를 샀다. 친정에 갔다가 작은어머니를 모시고 아산만까지 다녀올 때였다. 작은어머니가 "형님이 받으실 효도를 내가 받는구나" 하며 안 계신 동서를 그리워하신다.

일찍 잤으니 일찍 깨었다. 4시경에 눈을 떴는데 다시 잠이 올 것 같지는 않아서 이런저런 생각을 하며 누워 있는데 무슨 일인지 다른 가사는 생각이 안 나고

'울 밑에 귀뚜라미 우는 달밤에 기럭기럭 기러기 날아갑니다.' 하는 가사만 되풀이 생각이 난다. 초등학교 시절에 불렀던 동요라 갑자기 궁금해져서 검색을 해서 전문을 알게 되었다. 가사가 어찌나 슬픈지 가슴이 다 먹먹해진다.

기러기

윤복진 시

박태준 곡

울 밑에 귀뚜라미 우는 달밤에
기럭기럭 기러기 날아갑니다.
가도 가도 끝없는 넓은 하늘로
엄마 엄마 부르며 날아갑니다.

먼 산에 단풍잎 붉게 물들어
기럭기럭 기러기 날아갑니다.
가도 가도 끝없는 저 먼 나라로
엄마 엄마 부르며 날아갑니다.

월북을 하였기 때문에 1950년대 이후에는 부르지 못하게 했고 교과서에서도 삭제를 하였다고 하는데 이 새벽에 뜬금없이 이 노래가 왜 생각이 났는지 알다가도 모를 일이다.

1907년에 대구에서 태어나시고 1991년에 돌아가셨다고 되어 있다. 윤복진 시인의 이름도 처음 들어본다.

입속으로 한참을 부르다가 오늘도 귀뚜라미가 울고 있나 싶어서 창문을 열어보니 이미 날씨가 차가워져서인지 귀뚜라미도, 다른 풀벌레 소리도 들리지 않는다. 특히 밤이면 합창으로 얼마나 울어대는지 잠을 설치게도 만들더니 창문을 닫고부터는 무심하게 지냈더니 생명을 끝내고 빈 허물로 남았나 보다.

그런데 아니었다. 풀이 남아 있는 옆 담장 아래로 옮겨갔는지 풀벌레들의 합창이 은은하게 들려온다. 내가 밤마다 너무 시끄러워서 내 창문 옆 풀들을 베었더니 그쪽으로 옮겨갔나 보다. 풍악 소리도 멀리서 들어야 더 좋은 것처럼 풀벌레 소리도 은은하게 들어야 운치가 있다.

그리운 고향

먼 산에 진달래 울긋불긋 피었고
보리밭 종달새 우지우지 노래하면
아득한 저 산 너머 고향집 그리워라.
버들피리 소리 나는 고향집 그리워라.

이 내 몸은 구름같이 떠도는 신세임에
나 쉬일 곳 어디인가 고향집 그리워라
새는 종일 지저귀고 행복도 깃들었네.
내 고향은 남쪽 나라 고향집 그리워라

이 시도 너무 아름다워서 적어보았다.

그 외에도 「기차가 달려오네」 「발자국」 「아기참새」 등을 저술한 아동문학가이기도 하셨다고 소개가 되어 있다.

고향을 그리워하고 엄마 엄마 부르며 날아가는 기러기를 보며 시를 지으신 선생님! 다시 돌아올 고향으로 알고 계셨을 텐데, 영영 오지 못한 고향을 얼마나 그리워하며 살다 가셨을까 안타깝기 그지없다.

이제야 가슴이 아려오는 기러기 노래가 생각난 이유를 알 것 같다. 기도해 달라는 사인처럼 느껴진다. 하느님, 아름다운 마음으로 살다 가신 영혼을 사랑하시는군요. 기도하게 깨우쳐 주시니 감사합니다.

꿈에 보여서 기도해 드리는 영혼은 있었지만, 갑자기 어릴 적에 부르던 동요가 생각이 나서 기도해 드릴 수 있으니 하느님의 은총을 받으실 분이었나 보다. 기러기 노래를 작곡하신 박태준 선생님을 위해서도 전대사 기도를 해드리니 더 없이 기쁘다.

천 년도 당신 눈에는 지나간 어제 같다는 말씀이 새삼스러워지는 추석날 새벽이다.

하느님 아버지! 해돋이에서 해넘이까지 영원무궁토록 찬미 영광 받으소서. 아멘!

2020. 10

이제 되었다

언제까지 비대면으로 집에서 하는 전대사기도를 해야 될지 막막하기만 하다.

코로나19가 끝나서 '이제 되었다' 하시는 교황님의 말씀이 기다려진다. 2020년 3월 27부터 시작된 비대면 전대사기도가 이렇게도 무한정 길어질 줄은 몰랐다.

비까지 내리는 베드로 광장에서 교황님이 홀로 기도하실 때, 온 세계 가톨릭 신자들이 유튜브 방송으로 동참하며 기도했다. 새벽 2시였지만 미국 LA에 사는 딸이 날짜와 한국 시간까지 알려주어서 같이 기도하게 되어서 감사할 뿐이다.

환자들을 돌보며 고생하는 의료진들과 환자들, 그 가족들을 위해서 기도하라고 하시며 전대사기도를 선포해 주셨기에 더욱 감사하다. 나는 영혼들을 위해서 성지에 가지 않고도 집에서 기도할 수가 있어서 축복으로 알고 기도하게 된다. 새벽마다 영혼을 위한 전대사기도까지 할 때면 너무나 감사하다. 첫 번째 기도는 2014년 선박 사고로 세상을 떠난 세월호의 304명의 영혼들이다. 그들을 위한 전대사를 LA에 있는 딸과 지인들, 한국에 있는 지인 6명과 함께 해드릴 수 있어서 얼마나 감사했는지 감동이었다. 딸이 같이 기도할 수 있는 교우들을 모으느라 많은 수고를 했다. 기도해 줄 명단을 적은 카톡이 오고 가기를 얼마나 했는지, 그것도 6주년 기일이 끝나기 전에 마치도록 힘을 쏟았다. 감사하고 감사하다.

지금도 나는 물론이지만, LA에 있는 딸과 지인들도 계속 전대사기도를 하고 있다니 하느님이 기뻐하실 것 같다. 내 주위 분들과도 같이 기도하자고 부탁드려 보지만 어려운 기도로 알고 호응을 하지 않아서 안타깝기 그지없다. 아무리 설명을 해 주어도 알아듣지를 못해서 몇몇 사람들과만 열심히 하고 있다. 그분들은 2008년, 1년을 하루같이 외손자 라파엘이 아플 때 기도해 주신 분들이어서 전대사의 의미를 이해하시는 것 같다. 내가 영혼들을 위한 전대사기도를 사명처럼 알고 하듯이 그분들도 라파엘이 떠나면서 전대사기도 할 수 있는 마음을 심어주고 떠난 듯하다. 이 세상에 있는 동안 영혼들을 위해서 기도할 수 있으니 얼마나 큰 축복인지,

우리나라에는 천주교를 박해하던 시절에 죽음을 당하신 장소,

순교 성지들이 곳곳에 있다. 무명 순교자들까지 합하면 1만여 명이 순교를 당하셨다고 한다. 전대사기도하러 성지에 갈 적마다 그곳에 상주하고 계신 수녀님들과 성당 가까이에 계신 교우들이 매일 영혼들을 위해서 전대사기도를 해드리면 얼마나 좋을까 염원하곤 한다. 구원받은 영혼들이 천국에서 우리들과 나라를 위해서 기도해 주시리라 믿는다.

하느님, 한국의 성 김대건 안드레아 신부님 탄생 200주년의 해를 맞아서 우리나라는 성지 여러 곳을 정해서 전대사기도 할 수 있도록 하는 전대사의 해입니다. 성지까지 다니는 것이 힘은 들지만 코로나19가 종식되어서 교황님의 '이제 되었다' 하시는 말씀이 듣고 싶습니다. 자비의 예수님, 온 세상에 자비를 베푸소서.

1년이 넘게 전대사기도를 하니 내가 기도해 드린 영혼들만도 수백 명이 넘고 있다. 감사할 뿐이다. 그런데 어느 날 엄마들의 손으로 유산당한 태아들의 영혼을 위해서 기도해야 된다는 깨우침이 들었다.

1970년대에 가족계획이 국가적으로 장려되던 때가 있었다. 여러 표어 중에 '둘만 낳아 잘 기르자'라는 표어가 모든 엄마들 마음에 강제적으로 심어지던 때였다. 먹고살기가 빠듯하던 때여서인지 많은 사람들이 호응을 하였다. 태아를 없앤다는 것이 얼마나 큰 죄인지도 모른 채 거리낌 없이 유산들을 시켰다.

하루는 남편이 예비군 훈련을 받으러 갔다 오더니 훈련장에서 반강제적으로 의사가 대기하고 있다가 정관수술을 받게 하였다고 한다. 여러 사람들이 그 대열에 서서 수술 받는 것을 보고 남편도 수술을 받고 왔다고 하였다. 병원까지 가지 않고 무료로 하는 것이라 동참들을 한 것 같았다.

다행히도 임신 되기 전에 수술하여서 내 손으로 태아를 죽이는 엄청난 일은 면한 셈이다. 어디에선가 유산시키는 영상을 보았는데 그 어린 생명이 수술 기계가 다가오니까 잡히지 않으려고 도망가는 장면은 눈 뜨고는 볼 수 없었다. 인위적으로 유산시키지는 않았지만, 아기를 갖지 않으려고 정관수술 받았다는 것도 큰 잘못인 것을 알고 하느님께 용서를 청하기도 하였다.

결혼해서 얼마 되지 않았을 때인데 지인이 한의원에 오셨다. 상담하는 내용이 아기를 지우고 싶은데 한약으로도 된다는 이야기를 듣고 찾아왔다고 한다. 남편이 난감해하며 생명을 죽이는 약을 어떻게 짓느냐며, 자기 복은 각자가 가지고 태어난다는데 낳아서 잘 키우세요. 아마 어딜 가셔도 그런 약을 지어주는 의사는 없을 겁니다. 하며 돌려보냈다.

늦게나마 전대사기도에 최선을 다하고 계신 내 신앙 멘토이신 분께 문자를 보냈다.

선생님, 저는 요즘 지인들에게 유산한 적이 있는지 물어서 기도해 주고 있습니다. 엄마들이 거리낌 없이 태아들을 없앴다는 것 때문에 슬픈 마음으로 기도하고 있어요. 아무 죄의식도 없이 유산시켰다고 해서 더 마음이 아픕니다. 그 천사들을 위해서 매일 아픈 마음으로 기도합니다. 저는 다행히도 유산시킨 일이 없어서 감사드리고 있어요. 남편이 예비군 훈련장에서 강제로 수술을 받아서 그것도 잘못이긴 한데 생명을 없앤 죄는 면해서~

허허 복 되어라. 나는 3번 자연 유산되고, 네 번 만에 큰딸을 낳았어요. 모니카는 복 되어요. 축하해요. 항상 건강하세요. 기도할게요.

이웃들에게 물어서 유산된 아이들 위해서 전대사기도 해주세요. 기도해 주어야 된답니다.

오늘부터 기도해 주려고 염두에 두어서인지 어떤 아기가 천사인 듯 행복한 모습으로 편안히 잠자는 모습을 꿈에서 보고 아니, 웬 애기 꿈을 다 꾸었나 했는데 편안한 아기가 이미 기도 받은 후의 모습처럼 느껴져서, 기뻤답니다.

감동이에요. 정말 고마워요.

하는 답글을 받으니 기쁘다. 어느 영혼들을 위해서 하는 기도보다도 태아들을 위해서 기도하니 더없이 행복하였다.

• 고레띠의 유산된 태아, 하느님께 기도하며 최선을 다해서

아픈 두 자녀를 돌보는 대녀가 1명의 유산시킨 태아 얘기를 할 때 뜨거운 눈물을 쏟느라 전화가 끊길 듯하여서 나까지 가슴이 먹먹하였다.

• 정골롬바, 오랜 성당 친구인데 유산시킨 적이 없다고 하여서 기뻤다. 신앙생활을 열심히 하더니 생명을 중히 여기고 살았나 보다. 하느님 보시기에 얼마나 예쁘실지 감사하다.

• 이웃에 계신 분, 혹시 유산시킨 일이 있는지 교우가 아니라 조심스럽게 물었는데, 임신이 되지 않게 조심하였고 임신이 되었다면 당연히 나았을 거라고 하여 아픈 마음이 오랜만에 감동이 되었다.

하느님 감사합니다. 교우들보다도 훌륭한 어머니가 이웃에 계셔서 너무나 기쁘고 행복해서 감사기도 드립니다. 그 가정을 하느님이 축복해 주고 계신 것으로 느껴집니다.

• 처음 본 자매, 혹시 유산시킨 적이 있으면 알려주세요. 그 천사들을 위해서도 기도해 주어야 한답니다. 처음에는 3명이라고 하더니 부끄럽고 죄스러운 듯 아니, 4명이에요 한다. 그땐 아무것도 모를 때라 생명을 없애는 크나큰 죄인 것도 모르고.

눈물까지 보이는 그 모습이 얼마나 절절하고 통회하는 모습인지, 걱정 마세요. 지금이라도 기도해 주려고 하니 얼마나 다행이에요. 기도 받은 그 천사들이 이제는 엄마를 위해서 기도해 줄 거예요. 축하드립니다. 기쁨의 눈물을 훔친다. 기쁜 마음으로 아침마다 천사들을 위해서 기도하였다.

'제가 낙태한 그 천사들에게도 용서를 빕니다. 평생 속죄하고 용서를 청하며 주님을 조금은 기쁘게 하는 삶을 살아가겠습니다.'

낙태 종식 운동을 하는 줄도 모르고 있었는데 카톨릭 신문에서 낙태 종식 운동 2년째라는 기사를 읽다가 어느 자매의 글이 눈에 띄었다. 이 글이 조금이라도 유산시킨 엄마들이 같은 마음으로 통회의 기도를 하길 바라며 기도문을 옮겨 적었다.

적게는 1명, 많게는 5, 6명까지도 유산시켰지만, 기도를 받은 천사들이 지금은 하늘나라에서 엄마들을 위해서 기도해 주리라 확신한다.

비대면도 풀리고 모든 것이 다, 이제 되었다. 하는 일상으로 돌아갈 날을 손꼽아 기다리며 오늘도 열심히 전대사기도를 드린다.

하느님, 유산된 태아들을 위해서 기도하게 깨우쳐 주셔서 감사합니다. 이제로부터 영원히 찬미와 흠숭 받으소서. 아멘!

2021. 6

서진이를 가슴에 안고서

2박 3일 손자와 지낸 주말이 행복하였다. 태어난 지 한 달 만에 서진이의 첫 나들이였다. 신생아의 특징인 밤낮이 바뀐 관계로 엄마 아빠가 무진 고생을 하는데 우리 집에 와서는 우유를 배부르게 먹으면 기저귀가 푹 젖을 때까지 편안하게 잔다. 서진 어미가 매주 할머니 댁에 와야 할까 보다고 하는데 그래야 될 것 같다. 아들네가 사는 집은 새로 수리한 집이어서 벽이며 냄새가 나는 것이 새집증후군인 듯하다.

1주일에 주말만이라도 와서 지내게 되면 기쁘고 감사할 일이다. 이렇게 시작한 손자의 주말 나들이는 금, 토, 일 2박 3일을 유치원 갈 때까지 계속되었다. 특히나 외할머니 외할아버지가 평일에는 보아 주시니 주말만이라도 쉬게 해드려야 될 것 같아 더 봐주게 된다. 일요일 역삼동으로 갈 때면 “할머니 다섯 밤 자고 또 올게 기다리고 있어.” 하며 간다.

첫 나들이 때 서진이를 안고 기도했다.

'너를 만나서 할머니가 큰 기쁨을 얻은 것처럼 앞으로 너를 만나는 모든 사람들에게 행복과 기쁨 희망을 주는 사람이 되거라.'

하느님께 진심을 담아서 기도하였다.

할머니의 기도가 이루어지기를 나 또한 생명이 다하는 날까지 기도해야지.

2004. 4

풋내기 신자인 저를

지인들이 수필을 읽고 보내준 글들이 많지만 다 적을 수는 없어서 몇 편만 옮겨 봅니다. 전화로 표현해준 말들은 내가 옮길 수가 없어서 마음에 담았습니다. 모두 감사할 뿐입니다. 하느님의 축복 가득가득 받으시길 기도합니다.

• 풋내기 신자나, 저처럼 열심히 하지 않은 신자들에게 좋은 지침서가 될 것 같아요. 감사합니다. 수필집 출간하신 것 다시 한번 축하드리고 더 좋은 글 많이 쓰셔요. 두 번째 수필집 기대할게요. 항상 건강 챙기시면서.

우편함에서 방금 찾아와서 아직 많이 읽지는 않았지만, 글이 가슴에 와닿습니다. 제가 아는 내용도 있고 무엇보다 신앙생활을 게을리하는 저 자신을 반성하게 합니다. 차근차근 읽어보고 따뜻한 마음 가져보도록 노력하고, 고모님의 절반만큼이라도 기도할 수 있도록 노력해 봐야겠어요.

• 달희야! 제목이 너무 정겨워서 더 반가운 수필집
『까치가 다시 올까!』 한 장 한 장 책장을 넘기며 너를 만난 듯.
참 고맙구나.~ 지금은 밖이라 다음에 작가님
목소리 들으며 안부 전할게~

• 애틋하고 애잔한 서 여사님의 글 끝까지 잘 보았습니다.
감사합니다.
어느 유명한 수필집보다 더 마음속에 담겨진 것 같습니다.
두 내외분 항상 건강하시길 바랍니다.

• 수필집 잘 받았어요. 사진이 너무 예뻐.
세월을 잡고 있는 것이 힘도 안 드나 보네요.
너무 귀중한 글들 축하드리고, 더욱 힘내시기를
귀한 글들 소중하게 담아 간직할게요. 파이팅!
(정막달레나, 이미 본향으로 떠나셨음)

• 모니카 님 글은 너무 재밌어서 블로그에 한번 들어가면 계속 읽게 됩니다. 어쩌다 양치하번서 잠깐 방문했다가 한참을 글을 읽고 나오곤 합니다.

오늘 반가운 수필집을 받았어요! 모니카 님 사진을 보며 저 혼자 반가워하며 블로그에서 이미 읽은 내용도 많지만 좋은 태교에 한몫할 것 같아요. 감사합니다.

• 『까치가 다시 올까』 임동후 Luke

참 신앙인의 모범 답안 수필을 며칠에 걸쳐 읽었습니다.

『까치가 다시 올까?』 다시 오고 말고 창문을 열고 마음 문 열면 두 마리 까치가 저기 있는 걸. 부리를 비비며 한 몸처럼 어우러져 덩실덩실 춤추는 걸.

대설 앞두고 내리는 이 폭설은
길을 나선 찬바람을 포근하게 감싸주고
피로에 지쳐 나뒹구는 낙엽들을 나무 아래 다시 모아
조곤조곤 옛이야기 나누며 서로 안고 조용히 쉬게 합니다.

모두가 이 세상에 와서 저마다의 방식대로 자라고 짝을 만나서 알을 부화시키며 오순도순 한 생 살다 가는 거지요.

오늘밤에 꿈을 꾸면 쌀붕어가 치마폭 가득 놀러 올 테고 감나무 가지에 까치 부부가 새벽을 하얗게 칠할 겁니다.

하얀 도화지에 그려진 그림도 세월이 흐르면 빛을 바래고 어느 나무도 자라다 보면 옹이가 생길 수밖에 없습니다.

긴 평생이라지만 우리 인간 백 년 점 하나 찍고 가는 인생 추억의 까치가 올 날을 우리 기다립시다. 참 신앙인으로.

詩人. 作詞家. 劇作家. 2015. 12. 4 금 405

• 하느님께 대한 사랑과 의탁, 영혼들을 구하려는
열망과 희생 모든 이의 귀감이 됩니다.
많은 사람들이 형님의 깊은 신앙을 본받는
좋은 기회가 되고, 하느님께서 모니카 형님과 가정에
크신 축복 내려주시길 기원합니다.

• 오늘 아침 보내 주신 책 반 이상을 훌쩍 읽었어요.~
경원이 생각도 다시 나고 ~
삶의 이야기가 신앙과 어우러져 넘 아름다워요.
감사합니다.~ 라파엘, 평생 가슴에 안고 가지요.
그 고통과 그리움의 신비가 지금은 희미하지만
그때 가서는 얼굴을 맞대고 보듯
선명하게 드러날 것입니다.~

• 서달희 모니카 님께 진심으로 축하드립니다.
인보성체 수도회 가족이었다는 사실에 감동!
어쩌면 그리도 꼼꼼히 기록하셨는지?
그 삶의 태도에 또 한 번 감동!!
약속 때문에 떠나기 전 다 읽고 제 삶을 돌아보며 많이 반성했답니다.
기도와 감사의 삶에 또, 또 감동!
한 여성의 지혜로움이 얼마나 많은 사람을 감동시키는지를 모니카 씨의 삶을 통해 다시 한번 확인했습니다.

못다 풀어낸 이야기 많으실 테니 계속 우리를 감동과 각성의 글 바다에 풍덩 빠질 수 있게 해 주시길 기대합니다.

• 고모 수필집 잘 받았어요. 첫 줄만 읽고도 눈물이 얼마나 흐르던지. 라파엘 얘기는 읽지도 못하고 중단했어요. 고모의 글은 꾸밈없는 진솔한 삶의 향기가 느껴지는 글임을 금방 느껴요. 더군다나 저는 알고 있는 우리 집안의 이야기니 더욱 그렇죠. 할머니, 할아버지 생각도 나고 어릴 때 고모 댁에 가면 가족 모두 모여 기도했던 시절~ 옛 생각에 잠기게 되네요.

타국에 와 있는 저는 고향이 넘 그립네요. 그래도 미국에 와서 진실로 주님을 알고 저희 부부를 참 신앙인으로 이끌어 주시는 분을 만나 영적으로 많이 성장하고 있어요.

다 읽고 그분께도 보여드려야지~ 생각하고 있어요. 엄청 공감할 것 같아요. 항상 기도와 함께 성가정을 이루고 사시는 고모가 어릴 때부터 부럽고 자랑스러웠어요. 글을 읽으면서 모든 게 새록새록 떠오르네요.

형수 씨가 퇴근해 와서는 눈이 왜 그러냐고 놀라네요. 또 얘기하면서 울고~

고모, 옛 생각에 잠기게 해주셔서 감사해요. 아직 기약은 없지만 제가 한국에 갈 때까지 만이라도. 건강하셔야 돼요.

다른 고모님들도 보고 싶고~ 행복하셔야 돼요.

'라파엘 하늘나라 간 날 옆방에서 펑펑 우느라고 연도도 못하던 너를 오히려 위로하던 때가 벌써 9년이나 흘렀다. 라파엘도 폴리스이모를 좋아했었지. 저녁 초대 잘 다녀와. '

바다 건너 이역만리에 사는 조카와 카톡을 주고받으며 얼마나 좋은 세상에 사는지 실감이 된다.

• 지난해 지인 몇 분의 초청으로 참석한 사비문학회 송년회에서 무심결에 받아 온 책 중에서 오늘 읽은 서 작가님의 글이 제 마음을 젖게 하였습니다. 살면서 느끼는 아름다운 생각을 이렇게 표현할 수도 있는 분이 멀지 않은 곳에 사신다는 사실에 제가 부여로 귀촌하길 잘 했구나. 생각하였습니다. 성당에 다니지는 않지만 진한 설교를 들은 것 같아서 마음이 행복합니다.

• 서달희 수필가님

벌써 12월의 초입에 들어섰습니다. 청아한 호반이나 낙엽이 내려앉은 숲길에 머물던 추심도 자취를 감추었네요. 그런데 오늘 보문산에 올라보니 개나리가 피었더라고요.

좋은 수필집을 받기 위한 예고였나 봐요. 『모니카의 낙서장』은 저에게 많은 것을 깨우치게 합니다. 축하드립니다. 인생은 참으로 아름다운 것입니다.

경험이 아닌 이야기는 한 줄도 첨언을 못하니 글을 쓸 자격이 없는 것 같아 부끄러울 뿐이라고 하셨는데 겸손입니다. 전혀 그러하지 않습니다. 낙서치고는 아주 고급 낙서입니다.

색깔도 아름다운 무당벌레 한 마리가 라파엘의 친구가 된 듯, 잎새에 앉아 있는 모습도 예사롭지 않게 느끼고 계시네요. 기도가 끝나고 내려올 때까지 잎새에 머물러 있었네요. 아픈 현실이지만 서정이 잔잔히 녹아 흘러 독자의 시선을 사로잡습니다.

누군가를 기다린다는 것은 행복한 일입니다. 물론 아픈 그리움도 있지만, 기다리는 마음은 약간 들뜨고 가벼운 흥분을 함께 하는 경우가 많지요. 손자를 기다리는 마음은 공연히 헛웃음이 실실 입에 걸리는 야릇한 것이지요. 더 이상 설명할 수가 없는 고가치의 사랑입니다.

무화과 나뭇잎도 온종일 영양분을 받으며 불어오는 바람에 살랑살랑 손을 흔듭니다. 잎 모양이 손처럼 생겨서인지 더 그렇게 보입니다. 며칠 후면 일조량이 얼마나 중요한지를 알게 될 것이지요. 일상적인 조그만 일들이 우리를 얼마든지 행복하게 해준다는 것을 느끼면서 사시는 서 수필가님은 경지에 도달한 분이지요. 행복은 사소한 것에서 찾는 것이 현명한 일이거늘 사람들은 그 반대에서 찾으려 하다 허탈에 빠지기도 하지요.

모든 작품들에서 한 편의 드라마를 보는 것 같은 감흥을 느낍니다. 자연과 시공을 넘어 이미지를 형성해 나가시는 모습이 참으로 보기에 좋습니다. 아울러 실험적인 변화를 준 수필들에서 많은 것을 배우게 됩니다. 한 편 한 편이 모두 그렇습니다.

거듭 축하드리면서 한 편 한 편 모두를 섭렵하여(그것도 여러 번 섭렵하여) 마음의 양식으로 삼겠다는 말씀을 올립니다. 수필집 『모니카의 낙서장』을 제 책꽂이 가장 가까운 곳에 꽂아 놓고 자주 열어 보면서 고차원의 행복과 만나는 즐거움을 만끽하고자 합니다. 고맙습니다. 감사합니다.

2016. 12. 08. 대전에서 문희봉 드림

슬펐던 마음을 열 배의 기쁨으로

백내장 수술을 받고 난 후 나는 다른 세상을 사는 것 같다.

오늘 동반자 조정자 내외분도 좋은데 날씨도 살짝 흐린 게 산 위라 그런지 산들바람이 분다. 서울에 있는 것보다 더 시원하다. 9홀을 끝내고 sky- course 3번 홀에서 내 차례가 되었다. 5번 아이언으로 샷을 했는데 홀컵 방향이 아닌 왼쪽 언덕으로 날아갔다. 실망이 되었지만, 혹시나 그린에서 보이기를 기대하며 유심히 보고 있는데 드디어 그린 위로 공이 나타났다. 예스! 파는 하겠지 기대가 되는데, 세상에나! 공이 홀컵을 향해서 한참을 굴러가더니 끌어당기기라도 하듯이 쏘옥 들어간다.

"어머! 어머! 재 좀 봐, 재 좀 봐! 공이 홀컵 안으로 쏘옥 들어갔어요." 하며 호들갑을 떨었다.

그런데 그 장면을 나만 보았을 뿐 캐디마저도 못 보았다. 공이 언덕 위로 날아가니까 아예 분실구로 알고 관심들이 없었다.

내가 하도 펄쩍펄쩍 뛰니까 남편이 안 들어갔으면 어떡하려고 그 난리냐고 하는데 혹 잘못 보았을까? 아니야 쏙 들어가는 걸 봤는데,

캐디가 부지런히 가더니 홀컵을 들여다보며 “어머! 정말 공이 이 안에 있어요.” 한다.

빨리 공을 꺼내라고 했다.

“아니에요. 회원님이 오셔서 직접 꺼내세요.” 하며 깃발만 뽑아 들고 서 있다.

마음속으로 ‘이렇게 기쁜 날을 또 주시니 감사합니다.’ 하는 기도가 된다.

만일 봄에 백내장 수술을 안 했다면 홀컵으로 빨려 들어가듯이 홀인하는 멋진 장면을 못 보았을 것이다. 수술하기 전에는 50여 미터 그린 위 깃발도 안 보여서 엉뚱한 방향으로 공을 보내기도 했다.

홀인원 축하금이 500만 원이나 나왔다. 라파엘 천사기금도 내며 행복했다. 라파엘이 1년 동안 아플 때, 라파엘의 치유를 위해서 돌아가신 영혼들을 위한 미사봉헌을 많이 하고 다녔다. 산 이와 죽은 이의 통공을 믿으며 라파엘을 위해서 기도해 주시겠지 위로 삼으며 다녔다. 그 인원이 70여 명이나 되었다. 어떤 영혼은 두 번 세 번 기도 받기를 원하셨다.

라파엘 천사가 할머니가 저를 위해서 미사봉헌한 것을 알고 있었을까? 그래서 홀인원이란 기쁨 속에 그 몇 배의 위로금을 받을 수 있게 해준 것 같다. 정말 덤으로 받은 축하금이란 생각이 든다. 홀인원을 한 나보다도 캐디가 더 흥분된다며 도우미도 제대로 못 한다. 나도 기뻐서 흥분되었건만 두 홀에서 파도 더 추가하며 42타로 마무리하였다.

끝나고 들어오니 이미 경기과에 연락이 되었는지 동반자와 함께 사진까지 찍어주었다. 오늘은 또 한번 골프의 묘미를 느낀 하루였다. 박경원 라파엘 천사님! 감사합니다. 새벽 기도시간에는 할머니를 슬프게 하더니 이런 기쁨을.

돌아오는 차 안에서 남편한테,

“나 오늘 기도할 때, 라파엘 생각이 많이 나서 울었어요. 라파엘이 할머니 기쁘게 해준 것 같아요.” 했더니

“그런가 보네. 남은 한 번도 못 하는 홀인원을 두 번씩이나 하고, 축하해. 나도 기도만 하려고 앉으면 눈물이 나서 힘들었는데 이젠 많이 가라앉았어.” 한다.

라파엘이 떠난 지 이미 2년이 다 되어간다.

‘저희에게 기쁘고 행복하게 살아가기를 바라시는 하느님! 감사합니다. 새벽에 라파엘 때문에 슬펐던 마음을 열 배 스무 배의 기쁨으로 바꿔 주셨군요.’ 2010. 8

홀인원 축하금으로 샀던 TV가 고장이 났다. 꼭 10년 만이다. 전원이 아예 나가서 고치는 비용이 더 많이 든다고 한다. 아주 저렴한 것으로 새로 샀다. TV를 설치하고 청소하는 과정에서 오래된 서류와 아이들이 그렸던 그림책들을 정리하느라고 다시 다 들춰보는데 홀인원 증서도 나오고 에머슨CC에 갈 때 적었던 글도 보여서 정리하다 보니 새로운 글이 되었다.

무엇인가를 메모해 둔다는 것은 참 소중한 일인 것 같다. 이런 일이 있었다는 것을 까맣게 잊었는데 낙서장을 들춰보다 생각이 났다. 초대 라운드를 다했었구나 싶은 게 새삼스럽다. 동반자는 누구였지? 20년 전 일이어서인지 아무리 기억을 더듬어도 한 사람도 생각이 안 난다. 짐작건대 나를 처음 에머슨CC에 데려갔던 분들이겠지. 그중에 하늘나라 가신 율리안나 형님께 더 감사할 뿐이다. 회원권도 율리안나 형님이 더 부추겨서 사게 되었었다. 나에게는 영원히 잊지 못할 동반자이셨다.

하느님! 오늘 일도 감사합니다. 영원무궁토록 찬미 받으소서. 아멘!

2020. 9. 23

서달희 수필집

봄바람 타고 온 손님

2021년 12월 20일 초판 인쇄
2021년 12월 25일 초판 발행

지은이 / 서달희

발행인 / 강병욱
발행처 / 도서출판 교음사
편 집 / 隨筆文學社 出版部

03147 서울 종로구 삼일대로 457 수운회관 1308호
Tel (02) 737-7081, 739-7879(Fax)
e-mail : gyoeum@daum.net

등록 / 제2007-000052호

* 잘못된 책은 바꿔 드립니다. 값 12,000원

ISBN 978-89-7814-849-8 03810